Olivia Callea

Burgund

Olivia Callea

Burgund

Die Küche
und ihre Tradition

Mit einem Vorwort von Anne Willan
und Fotografien von Hamish Park

AT Verlag

Die Originalausgabe erschien
unter dem Titel «Burgundy gastronomique» 1995
bei Conran Octopus, London.

Aus dem Englischen übersetzt von Mara Fabian.

ISBN 3-85502-572-X

Inhalt

Vorwort

Was für ein Vergnügen, mehr über das mir so vertraute Burgund zu erfahren, wo ich über sechs Monate im Jahr lebe! Olivia Callea zeichnet ein treffendes Bild dieser reichen, idyllischen Landschaft, die nur knapp zwei Stunden von Paris entfernt ist. Sie beschreibt nicht nur Land und Leute, sondern wirft auch einen Blick auf die Geschichte und die vielen eindrucksvollen Baudenkmäler, die bis auf das vierzehnte Jahrhundert zurückgehen, das Goldene Zeitalter des Herzogtums Burgund.

Besondere Aufmerksamkeit widmet Olivia Callea der ländlichen burgundischen Küche: Gougères, die zu einem Glas kühlem Chablis serviert werden, saftige Entenbrust in fruchtiger Sauce, mit Äpfeln gefüllter Gänsebraten und Tartouillat, ein rustikaler Kirschkuchen. Sie berichtet vom Spargel und den Kirschen, dem Käse aus Soumaintrain und dem Ratafia, dem Aperitif dieser Gegend. Und sogar Trüffel kommen zum Zuge: Im nördlichen Burgund, in den weiten Wäldern von Yonne, wächst eine Sorte Trüffel, die allerdings von etwas geringerer Qualität ist als die tiefschwarzen Diamanten des Périgord.

Von Yonne geht die Reise nach Süden in den Morvan, eine trotz der nahen *autoroute* zutiefst ländliche und abgeschiedene Region. Weiter im Südosten befindet sich die legendäre Côte d'Or mit den teuersten Weinbergen der Welt. Dann kommt das fruchtbare Charolais mit seinen berühmten Rindern und die Bresse mit ihren Rassehühnern.

Die ganze Vielfalt und den Reichtum der burgundischen Küche zu erfassen ist ein schwieriges Unterfangen. Doch Olivia Callea ist dies gelungen, weil sie nicht nur das Essen beschreibt, sondern auch die Menschen, die es bereiten und geniessen. Sie werden Idealisten begegnen wie Gérard Maternaud, der Gemüse und Kräuter biologisch zieht, und so berühmten Köchen wie Marc Meneau in seinem Restaurant L'Espérance nahe der Basilika von Vézelay. Kommen Sie und unterhalten auch Sie sich mit den Krebsfischern und Jägern, den Lebkuchenbäckern, den Marmeladen- und den Likörherstellern, die argwöhnisch ihre Geheimrezepte hüten.

Dieses Buch lässt sich am besten mit einem Glas Wein in der Hand durchstreifen, um sich dann in der Phantasie oder in der Wirklichkeit auf die Reise in diese verlockendste aller Provinzen Frankreichs zu machen. Beim Anblick der bezaubernden Bilder dieses Buches kann ich es kaum erwarten aufzubrechen.

Anne Willan

Links aussen: Viehzucht und Milchwirtschaft sind in Burgund mit seinen saftigen Weiden die bedeutendsten Landwirtschaftszweige.
Links: Ein Mitglied der Confrérie des Vignerons de Saint-Vincent de Bourgogne et Mâcon während einer farbenprächtigen Parade, die vor einem Bankett stattfindet.
Rechts: In den Wäldern Burgunds, besonders im bergigen Morvan, gibt es Pilze im Überfluss.

Oben: Flaschen mit Rapsöl vor der Auslieferung im Lagerhaus der Firma Leblanc in Iguerande.
Rechts: Die strenge Schlichtheit des romanischen Kreuzganges der Abtei von Fontenay, die im 12. Jahrhundert vom heiligen Bernhard von Clairvaux gegründet wurde. Um wirtschaftlich unabhängig zu sein, legten die Mönche von Fontenay Fischteiche an und betrieben eine Eisenhütte, in der sie ihre Ackergeräte herstellten. Innerhalb eines Jahrhunderts entstanden über tausend Zisterzienser-Abteien in der christlichen Welt.

Einführung

Burgund, das seit etwa 15 000 v. Chr. besiedelt ist, ist eine Landschaft mit ausgeprägter Eigenart und Kultur, aber seine Grenzen sind nicht leicht zu bestimmen. Heute umfasst es die Départements Yonne, Côte d'Or, Saône-et-Loire und das erst kürzlich hinzugekommene Nièvre. Diese Départements bestehen jeweils wieder aus mehreren Distrikten oder *pays*, die ein waldreiches, gebirgiges Zentralgebiet umringen, den Morvan.

Die Wurzeln Burgunds reichen ins fünfte Jahrhundert nach Christus zurück, als die Burgunder, ein ostgermanischer Stamm aus dem Baltikum, von den Römern ermutigt wurden, an den Ufern der Saône zu siedeln. Im sechsten Jahrhundert wurden sie von den Franken verdrängt. In den nächsten Jahrhunderten bestimmten die Abteien von Saint-Bégnigne, Cluny und Citeaux die Entwicklung Burgunds. Romanische Kirchen wurden errichtet, die Landwirtschaft entwickelte sich, und Weinberge wurden angelegt. Im 15. Jahrhundert erstreckte sich Burgund – durch geschickte Verträge der Herzöge von Burgund, durch Heiraten, aber auch durch Kriege – im Süden bis zur Provence und umfasste fast ganz Belgien, Teile der Niederlande und der Schweiz. Erst im 17. Jahrhundert kam Burgund zu Frankreich. Die Grenzen der heutigen Départements ähneln also kaum denen des ehemaligen Herzogtums.

Die jahrhundertelange Existenz Burgunds als mächtiger Staat ist noch heute in der gastronomischen Einheitlichkeit dieser Region über alle Grenzen der Départements hinweg offenkundig. Fast überall in Burgund gibt es noch traditionelle Gerichte in lokaler Ausprägung. In seiner Beschreibung einer Reise durch Frankreich im Jahre 1838 hielt Stendhal fest, dass die feinen Unterschiede in Frankreich rasch am Verschwinden seien und innerhalb der nächsten fünfzig Jahre verwischt sein würden. Doch trotz der allgemeinen Vereinheitlichung, die ein Merkmal des späten 20. Jahrhunderts ist, haben sich in Burgund die Eigenarten der verschiedenen Regionen bis heute halten können. Nicht zuletzt durch ihre Küche ist es dieser Landschaft gelungen, ihre Identität zu bewahren.

Schon seit jeher dachte man bei der Erwähnung Burgunds als erstes an einen reich gedeckten Tisch. Auch heute ist die Region für ihre Weine und ihre Spezialitäten in der ganzen Welt berühmt. Schon ein flüchtiger Blick in einen der Restaurantführer Frankreichs zeigt, dass sich ausserhalb von Paris die meisten ausgezeichneten Restaurants in Burgund befinden. Überraschenderweise ist es jedoch schwierig, hier gut und einfach zu essen – es sei denn bei den Einheimischen zuhause. Die Tradition der kleinen Familienrestaurants mit ihren einfachen Regionalgerichten, die «tradition des mères», ist fast völlig verschwunden. Die Gründe liegen in der Landflucht, der Verlagerung von Verbindungsstrassen und in wirtschaftlichen Faktoren: Restaurants sind heute eigenständige Unternehmen und nicht mehr ein Zubrot zum Familieneinkommen, und jene Restaurants, die in letzter Zeit eröffnet wurden, bieten alle dieselbe neue, raffiniertere Küche an wie die Sterne-Gastronomie.

Der grösste Teil Burgunds ist ländlich. Es gibt nur wenige Städte, so zum Beispiel Dijon und Chalon. Zwischen den Schlössern, Kirchen und Abteien erstrecken sich im Süden saftige Weiden und im Norden Kornfelder, soweit das Auge reicht.

Sens

Saint-Florentin
Soumaintrain
Joigny

Pontigny
Appoigny   Tonnerre
YONNE   **Auxerre**   Chablis   Tanlay
   Châtillon-sur-Seine
Coulanges-la-Vineuse   Bailly   Ancy-le-Franc
   Irancy
Toucy   Noyers-sur-Serein

Saint-Sauveur-en-Puisaye   Serein   Aignay-le-Duc
   Montbard   Fontenay
   Epoisses   Sémur-en-Auxois   **COTE D'OR**
Clamecy   Avallon   Flavigny
Vézelay   Quarré-les-Tombes   Ruffey
Canal du Nivernais   Pierre-qui-Vire   **Dijon**
   Saulieu
NIEVRE   Yonne   *Lac Pannesière*   Auxonne
   Canal de Bourgogne
Morvan Regional Park   Arnay-le-Duc   Nuits-Saint-Georges
   Citeaux
Château-Chinon   **Beaune**
Nevers   Meursault
Moulins-Engilbert   Onlay   Villapourçon   **Autun**   Santenay
Saint-Léger-sous-Beuvray   Rully
   Le Creusot   Pierre-de-Bresse
Loire   Givry   **Chalon-sur-Saône**
Montceau-les-Mines   Louhans
   Canal du Centre
SAONE-ET-LOIRE
   Brancion   Tournus
Paray-le-Monial
Charolles   Cluny
Saint-Christophe-en-Brionnais   La Clayette   **Mâcon**
   Saône
Iguerande   Chauffailles   La Chapelle de Guinchay
   Thoissey

Yonne   Seine   Saône   Armançon   Doubs

Weinregionen

🟨	Auxerrois
🟩	Chablis
🟧	Côte de Nuits
🟧	Côte de Beaune
⬜	Côte Chalonnaise
🟨	Mâconnais
🟧	Beaujolais

Gestrichelte rote Linien bezeichnen die Departements-grenzen, gestrichelte blaue Linien die Kanäle.

Die Bewohner Burgunds sind von unterschiedlichster Herkunft, denn das Gebiet war stets Durchgangsland. In der Vergangenheit war es eine Zwischenstation für Postkutschen, und in diesem Jahrhundert florierten hier die berühmten Restaurants, weil sie an der Hauptstrecke nach Südfrankreich und Italien lagen. Doch durch die *Autoroute du Soleil*, die seit 1970 Paris mit dem Süden verbindet, geriet die Region ins Abseits. Durch die Autobahn wird sie in zwei Teile zerschnitten, und die meisten Reisenden fahren hindurch, ohne die lohnenderen Landstrassen zu beachten, die sich auf beiden Seiten an den Hügeln entlangschlängeln. Dies hatte sowohl für die Restaurantbesitzer wie für die Winzer fatale wirtschaftliche Folgen. Langsam bessert sich nun die Lage im Zeichen des sanften Tourismus dank einer umsichtigen Werbung für die berühmten Burgunder Weine, für die Kulturdenkmäler und für die landschaftliche Schönheit und durch die Einrichtung von *fermes auberges* und *chambres d'hôtes*.

In seinem dreibändigen Buch «Frankreich» (1988) beschreibt der französische Historiker Fernand Braudel eine Reise von Beaune über Autun nach Vézelay, bei der er den Morvan durchquert und mit Erstaunen die Mannigfaltigkeit der burgundischen Landschaft erlebt. Auch mich hat die Vielfalt dieser Landschaft und der Stolz seiner Bewohner auf ihr regionales Erbe stets von neuem überrascht. Immer wieder betonen sie die Bedeutung des *terroir*, ein Wort, das nicht nur die geographische Lage, sondern auch die Geschichte und die Tradition einer bestimmten Landschaft bezeichnet. «Wesentlich für jede soziale Gemeinschaft ist es, verschieden zu bleiben, damit sie nicht mit der nächsten kleinen Gemeinschaft verwechselt wird», schreibt Braudel. Der Stolz, burgundisch zu sein, ist überall spürbar. Selbst anliegende Landstriche, die nie zu Burgund gehört haben, und Leute, die zugezogen sind, möchten burgundische Tradition für sich in Anspruch nehmen. Für Touristen wie mich ist es überraschend, selbst bei einfachen Leuten Familiengeschichten zu hören, die bis ins 15. Jahrhundert zurück reichen.

Früher wurde der Handel durch die schiffbaren Flüsse Yonne, Seine, Loire, Saône und Doubs sowie durch den Bau von Kanälen erleichtert. Diese Wasserwege lieferten eine Vielfalt an Süsswasserfischen, die auch heute noch für traditionelle Fischragouts wie die *Pochouse* (siehe Seite 118) verwendet werden.

Der Reichtum an ausgezeichneten Weinen, Käse, dem besten Fleisch und Geflügel in ganz Frankreich (Charolaisrinder, Bressehühner und Schweine) und eine Vielfalt von Obst und Gemüsen ergeben eine herzhafte Küche. Die vorherrschenden Elemente der burgundischen Küche sind jedoch Fleisch, Fisch und Waldpilze, die unter Zufügung von Wein, Rahm, Schweineschmalz und Senf zubereitet werden. Im Vergleich mit den anderen Regionalküchen Frankreichs fällt die häufige Verwendung von Gewürzen besonders in Desserts auf. Einige der bekannten traditionellen Gerichte sind Alltagsgerichte geblieben, doch viele gehören heute zu den Festtagsspeisen.

In Burgund gibt es zahlreiche traditionelle Jahrmärkte, die wiederum als Anregung für neue Veranstaltungen wie die Foire Gastronomique de Dijon, das Charolaisrinder-Fest in Saulieu, den Schneckenmarkt in Blains Bas und das Fest der Trois Glorieuses dienten. Das letztere ist ein Weinfest, das an drei Tagen am dritten Wochenende im November stattfindet. Der Höhepunkt der Trois Glorieuses ist die Weinauktion der Hospices de Beaune, die am Sonntag stattfindet.

Das Produkt, das in allen Teilen Burgunds vorherrscht, ist der Wein. Er hat hier solche Bedeutung, dass viele Dörfer die Namen der Weine tragen, die dort produziert werden. Im Gegensatz zum Bordelais, in dem sich hauptsächlich grosse Weingüter befinden, wird in Burgund der Wein in vielen kleinen Weinbergen angebaut, von denen eine grosse Anzahl lediglich Wein für den persönlichen Bedarf der Besitzer liefern. Doch die geringe Grösse der Weinberge ist kein Hindernis für die hohe Qualität des Weines. Heute fängt man an, die Weinanbauflächen wieder zu vergrössern, doch erreichen sie nirgendwo die Ausdehnung, die sie noch im letzten Jahrhundert hatten.

Auch der Weingeschmack hat sich geändert. Heute exportiert Burgund mehr Weissweine als Rotweine. Junge Winzer, etwa Vincent Joblot von der Côte Chalonnaise, erzählten mir, dass sie erst jetzt lernen, Weine von ständig gleichbleibender Qualität zu produzieren. Joblot vermutet, dass guter Wein in der Vergangenheit eher ein Produkt des Zufalls als des Wissens war. Dagegen vertritt Henri Roch von der Domaine Romanée-Conti die Ansicht: «... trotz unserer Jugend sind wir Träger des Wissens unserer Vorväter.» Obgleich die Erträge in Burgund nicht so gross wie im Bordelais sind, ist die Qualität des Weines überragend. Zwar werden im wesentlichen nur drei Rebsorten angebaut – Pinot noir für den roten Burgunder, Chardonnay für die Weissweine und Gamay für den Beaujolais –, doch die komplexe Geologie und Morphologie des Bodens ergeben eine unglaubliche Geschmacks- und Aromavielfalt. In vielen Dörfern baut jeder, vom Bürgermeister bis zum Pfarrer, Wein an – und die, die es nicht tun, wünschten, sie könnten es auch.

Ich hatte anfangs vor, eine einfache Chronik der regionalen Spezialitäten und Weine zu schreiben. Doch mir wurde bald klar, dass sich ein genaueres Bild ergeben würde, wenn ich meine Aufmerksamkeit auf die sich wandelnden Trends und Geschmacksvorlieben richten würde. Viele der traditionellen Agrarprodukte werden nicht länger angebaut oder wie der Spargel von Vergigny nur noch in geringen Mengen. Andere sind jetzt in ganz Frankreich verbreitet und haben somit ihren regionalen Charakter verloren.

Heute haben die meisten Menschen keine Zeit mehr zum Kochen. Die jüngere Generation hat dazu noch weniger Neigung als die ihrer Eltern. Auf einigen Bauernhöfen ist es zwar immer noch die Grossmutter, die die Familienmahlzeiten zubereitet. Aber immer weniger Frauen arbeiten heute auf den Höfen, was zu einem Verfall der ländlichen Küchentradition geführt hat. Bäckereien, Restaurants und Delikatessengeschäfte halten die alten Traditionen jedoch noch lebendig, indem sie Regionalgerichte wieder aufleben lassen und neue Spezialitäten kreieren. Auch der Wandel des Lebensstils spiegelt sich in den Essgewohnheiten wider. Die schweren Speisen, die traditionsgemäss mit Burgund verknüpft werden, sind heute eher selten. Sie werden gewöhnlich nur noch zu besonderen Gelegenheiten zubereitet, etwa für eine *paulée*, das Erntedankessen, für eine Firmung oder an kirchlichen Festtagen. Viele dieser Festtagsgerichte wie Boeuf bourguignon, Coq au vin, Jambon persillé und Pain d'épices sind heute Teil des nationalen Küchenrepertoires geworden, und die Bezeichnung «à la bourguignonne» wird heute von Restaurants in aller Welt für Gerichte mit einer Rotweinsauce und einer Garnitur von Pilzen und Perlzwiebeln benutzt.

Obwohl Dominique Rivière, der Direktor des Eco-Musée de Bresse (wo die landwirtschaftliche und gastronomische Vergangenheit Burgunds dokumentiert wird), und andere festhalten, dass vieles von dem, was für Burgund charakteristisch war, bereits verlorengegangen ist, bemühen sich öffentliche Einrichtungen wie der Conseil National des Arts Culinaires und der Regionalpark Morvan, Traditionen zu sichern, bevor sie verschwinden.

Gegenüber: Zu den schönsten Ansichten in französischen Städten gehören für mich die Warenauslagen in den Läden und auf den Märkten und die malerischen Ladenschilder. In Mâcon sah ich als Ladenschild einer Bäckerei eine Kopie von Millets Ährensammlern und in Dijon die Darstellung eines kleinen Jungen vor einer Windmühle mit einem Croissant in der Hand. Die schönsten Ladenschilder findet man in den kleineren Städten. Auf ihnen sind die angebotenen Waren meist prosaischer dargestellt.

Das witzige Schwein in Joigny und der mit Bändern geschmückte Charolaisochse in Paray-le-Monial (in der mittleren Reihe) sollen einfach auf die Qualität hinweisen. Die Präsentation der Waren in den Läden und auf den Märkten ist fast zur Kunstform geworden. Die Art, in der Karotten aufgeschichtet, Birnen in einem Karton angeordnet und Büschel von Tomaten über den Rand eines Kastens gelegt werden, verrät Einfallsreichtum und künstlerisches Feingefühl. Nicht nur die Auslagen sind reizvoll, sondern auch die Tatsache, dass man die Waren anfassen und daran riechen kann, bevor man seine Wahl trifft. Nach meiner Erfahrung gibt es aber in Burgund weniger Märkte als in anderen Regionen Frankreichs, und oft stammt auch das Warenangebot nicht aus der Region. Doch es gibt einige herausragende Märkte: in Chalon, Dijon und Mâcon. Diese sind insbesondere wegen der Reichhaltigkeit und Qualität des Warenangebots bemerkenswert.

Links: Kirschenpflücker binden Körbe an ihren Gürtel, um beide Hände zum Pflücken frei zu haben.
Rechts: Holzpantinen im Fenster eines Holz-schuhmachers in Saint-Père-sous-Vézelay. Sie waren einst das praktischste Schuhwerk für nasse, morastige Wege und Felder. In letzter Zeit wurden sie durch Gummistiefel ersetzt. Daher existieren heute nur noch wenige Holzschuhmacher.

Oben: Ein Seitenportal der Kirche von Saint-Pierre im alten Winzerviertel von Auxerre. Die beiden Figuren über dem Portal aus dem 16. Jahrhundert halten Füllhörner in den Händen; Trauben und Weizen sind bis heute die Haupterzeugnisse des Auxerrois.
Darunter: Ein Schaufenster in Vézelay wirbt für die Weine des Ortes. Im Spiegelbild liest man den Namen des berühmtesten Weins des nördlichen Burgunds: Chablis.
Rechts: Das Wasserschloss von Tanlay, das im 16. Jahrhundert wiederaufgebaut wurde.

Yonne

Wenn man sich Burgund vom Norden nähert, erstrecken sich, soweit das Auge reicht, weite Kornfelder, dazwischen Baumreihen, die anmutig Flüsse und Kanäle säumen, an denen Angler in grünen Gummistiefeln auf Hecht und Barsch warten. Wenn man die Kirschgärten in den Hügeln um Auxerre erreicht und auf der engen, kurvenreichen Landstrasse nach Chablis die ersten Reihen der Rebstöcke, das majestätische Schloss von Tanlay und das Hospital von Tonnerre erblickt, das Margarete von Burgund im 13. Jahrhundert erbauen liess, um die Sünden ihres Gemahls zu sühnen, dann weiss man, dass man die ausufernde Grossstadt Paris endgültig weit hinter sich gelassen hat.

Auf dem Weg von Saint-Florentin weiter südwärts nach Chablis ist die erste Abtei, auf die man trifft, zugleich auch die imposanteste: Pontigny. Sie besitzt die grösste Zisterzienserkirche in ganz Frankreich. Das Kloster wurde 1114 von den Mönchen des heiligen Bernhard erbaut. Der Zisterzienserorden gründete bis zum 14. Jahrhundert tausendfünfhundert Abteien, und er hatte auch einen grossen Einfluss auf die Küche Burgunds. Es gibt sogar ein Gericht mit dem Namen «Saladier de Saint-Bernard», ein Rinderschmorbraten in Aspik, der traditionsgemäss bei der Weinlese serviert wird. Trotz dem Gebot, ein einfaches Klosterleben zu führen, sollen für die Bischöfe von Sens wegen ihrer dicken Wänste besondere Tische angefertigt worden sein.

Der erste Wein, der Paris erreichte, stammte wegen ihrer Nähe zur Hauptstadt aus Tonnerre, Chablis und den Dörfern um Auxerre. Die Küche dieser Gegend ist wie überall in Burgund eng mit der Geschichte des Weinbaus verknüpft. Auxerre, die alte gallo-romanische Stadt am linken Ufer der Yonne, verdankt seinen Reichtum dem Weinhandel. Schon im fünften Jahrhundert bewirtete der Bischof von Auxerre, der heilige Germain, seine Gäste mit Wein von den eigenen Gütern. Vor der Französischen Revolution waren die Weine von Auxerre die bekanntesten Weine Burgunds; die Rebfläche betrug fast zweitausend Hektar. Die mittelalterliche Innenstadt von Auxerre, die wie ein Amphitheater gebaut ist, birgt viele Schätze, nicht zuletzt die Abtei Saint-Germain mit Teilen aus dem achten Jahrhundert. Die Stadt besitzt eine astronomische Uhr aus dem 15. Jahrhundert, elegante Bürgerhäuser aus dem 16. und 17. Jahrhundert, und von der Kathedrale Saint-Etienne hat man eine atemberaubende Sicht über die malerischen Dächer der Stadt.

Im 19. Jahrhundert, als der Mehltau und die Reblaus die Reben verwüsteten und mit der neu erbauten Eisenbahn billigere Weine aus dem Süden kamen, veränderte sich das Bild der Landwirtschaft. Die Winzer fanden andere Beschäftigungen in den Städten oder in anderen Zweigen der Landwirtschaft, und die alten Traditionen der Weinherstellung gerieten langsam in Vergessenheit. Heute sind von den zweitausend Hektar Rebfläche um Auxerre nur noch die drei Hektar des Clos de la Chainette übriggeblieben. Dieser Weinberg gehört heute der psychiatrischen Anstalt von Yonne.

Früher wurde fast überall in Burgund alles, was für den Tisch und fürs Vieh benötigt wurde, selbst angebaut: Weizen, Hafer, Raps und Rüben, Gemüse, Obst, Nüsse und Trauben. Die Rebsorten Chardonnay, Sacy, Melon und Pinot noir ergaben gute Weine. Ein Schwein, eine Kuh, einige Hühner und Perlhühner lieferten das Fleisch, und die Bauersfrauen verdienten sich etwas Geld, indem sie Eier, Milch und Käse verkauften.

Heute ist der Getreideanbau der wichtigste landwirtschaftliche Erwerbszweig in der Yonne, doch die meisten Bauern halten auch Milchkühe und Schweine. Es gibt hier etwa zweihundert Schweinemästereien, die bis zu fünfzehn Prozent der landwirtschaftlichen Erzeugnisse der Region ausmachen. Als Fleischlieferanten haben die weissen Charolaisrinder des Südburgunds die meisten anderen Rinderrassen verdrängt; ihr Bestand beträgt heute etwa fünfunddreissigtausend Tiere.

Ein weiterer Wandel in der Landwirtschaft wurde durch das grosse und lukrative Geschäft mit der Batteriehaltung von Hühnern herbeigeführt. Diese werden unter dem Markennamen «Duc» nach ganz Europa verkauft. In der Gegend um Saint-Florentin zeugen davon zahlreiche grosse weisse Aluminiumschuppen. Indirekt hat diese Zuchtmethode einen positiven Einfluss auf die Produktion von Hühnern aus Freilandhaltung gehabt, die jetzt als besondere Delikatesse angesehen werden.

Wild wird in neu angelegten Wildgehegen gezogen, und daneben werden Fasane, Rebhühner und Wachteln gejagt. Blut wird noch immer für Saucen verwendet. Ein traditioneller Blut-Pfannkuchen, Camboule genannt, wird mit Hirschblut zubereitet. Im Nordwesten, in den dichten Wäldern des Pays d'Othe, gibt es Wildschweine. Restif de la Bretonne, ein Schriftsteller des 18. Jahrhunderts, berichtet von Wachteln und anderen kleinen Vögeln, die in Weinblätter gehüllt und auf heissen Steinen zubereitet gegessen wurden. In den meisten Weinanbaugebieten ist dies noch immer Tradition (siehe Rezept Seite 32).

Käse

Zwischen den weiten Kornfeldern liegen Weideflächen, auf denen kleine Herden von braunen und schwarzgefleckten Kühen grasen. Die Kühe werden gehegt und gepflegt, denn im Laufe des Jahres wird ihnen viel abgefordert. Sie müssen Kälber bekommen und regelmässig Milch in grossen Mengen geben. Eine einzige Milchkuh liefert acht- bis zehntausend Liter Milch im Jahr, wovon der grösste Teil in die Käsefabriken wandert.

Die Käseherstellung im Tal der Armance wurde bereits im 12. Jahrhundert von den Zisterziensermönchen aus Pontigny angeregt und wird auch in einem Brief von Ludwig dem XI. aus dem Jahre 1479 erwähnt. Ihre Methoden haben sich zwar geändert, doch sie floriert immer noch. Nach dem Zweiten Weltkrieg wurde die traditionelle Herstellung durch die industrielle Fertigung abgelöst. Dieser Wandel war so drastisch, dass die Zukunft des regionalen Bauernkäses gefährdet war. Zu seiner Rettung wurden deshalb Genossenschaften gebildet. Heute wird Soumaintrain-Käse und der Frischkäse Saint-Florentin auf mehreren kleinen Bauernhöfen produziert. In der Käserei von Madame Leclère in der Nähe von Soumaintrain wurde mir eine ganze Auswahl dieser kleinen runden Käse angeboten: einige hatten eine gerippte blassgelbe Rinde, andere waren schon dunkler und fester, während die frischen fast noch keine Rinde hatten. Ein gut ausgereifter Soumaintrain-Käse hat einen milden, aber ausgeprägten Geschmack. Mit etwas Rahm vermischt auf einen Hefeteigboden gestrichen, ergibt er eine köstliche Tarte au Soumaintrain (Rezept Seite 31).

Oben: Die Kathedrale Saint-Etienne in Auxerre.
Darunter: Eine Etikette von Soumaintrain-Käse
aus dem Tal der Armance.
Gegenüber: Die astronomische Uhr aus dem
15. Jahrhundert im Zentrum von Auxerre.

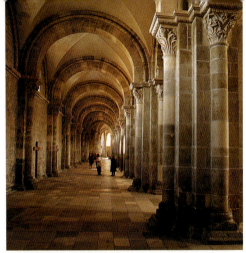

Süssigkeiten

Dank der weiten Sonnenblumen- und Rapsfelder
blühte in der Ebene der Yonne auch die Imkerei.
Im 19. Jahrhundert war die Gegend
berühmt für ihren Honig, der als Nebenprodukt
aus den als Pferdefutter angebauten Süsskleefeldern
gewonnen wurde. Heute bemüht man sich,
wenn auch in kleinerem Massstab, um den Wieder-
anbau dieser Futterpflanze. In der Nähe von Joigny,
nördlich von Auxerre, stellt der Honigproduzent
Doisnon Lebkuchen und köstliche Baisers mit Nüssen,
Mandeln und Kokosnuss her (oben).
La Tentation, eine Konditorei in Tonnerre, macht
Bonbons (unten), die nach Marguérite de Bourgogne
benannt sind, der Stifterin des ersten Hospitals der
Stadt, das im 13. Jahrhundert erbaut wurde.

*Oben: Der lichtdurchflutete Innenraum
der Basilika Sainte Marie-Madeleine in Vézelay
mit ihrem majestätischen romanischen Schiff.
Darunter: Enge Gässchen in Joigny, die zum Fluss
hinunter führen.*

Entenfleischwürste

*Viele kleinere Bauernbetriebe der Gegend züchten
heute Enten für die Produktion von Entenstopfleber
(Foie gras) und Entenbrüsten (Magrets).
Auf dem Hof Le Paysan Bourguignon
in Beugnon in der Nähe von Florentin betreibt
das Ehepaar Roy – er ist ein pensionierter
Lastwagenfahrer und sie eine ehemalige Buchhalterin
– eine Entenzucht. Gleich in zwei aufeinander-
folgenden Jahren haben sie bei den Journées
Gourmandes de Saulieu, einem Wettbewerb für
regionale Produkte, Goldmedaillen gewonnen
(siehe Seite 40). Sie machen eine Wurst aus Enten-
fleisch, vermengt mit Wal- oder Haselnüssen,
und eine mit Foie gras, die sich ausgezeichnet für
Vorspeisen und für einen kleinen Imbiss eignet.
Ihre geräucherte Entenbrust ist ebenfalls sehr gefragt,
genauso wie ihre Ententerrinen mit Pistazien
oder mit Kirschen. Madame Roy schlägt vor,
doch einmal frische Foie gras mit einer der Jahreszeit
gemässen Fruchtsauce zu servieren, etwa mit
einer Sauerkirschsauce im Juni oder einer Quitten-
sauce im Herbst.*

Gemüse und Trüffeln

Auf den Gemüsefeldern und in den Treibhäusern am Stadtrand von Auxerre werden Tomaten, Gurken, Zwiebeln und Endivien in grossen Mengen gezogen. In den siebziger Jahren begann man in dieser Region und in der Gegend um Beaune mit den dortigen Weinbergen mit biologischer Landwirtschaft. Ihre Methoden werden in der Rinder- und Geflügelzucht, in der Mischkultur im Gemüsebau und im Weinbau angewendet. Dabei wird der Gebrauch von Chemieprodukten vermieden. Man verwendet Kompost und natürlichen Dünger und greift auf die traditionellen Methoden des Fruchtwechsels zurück. Burgund ist ein Vorreiter auf diesem Gebiet. Es ist die einzige Region in Frankreich, die ein biologisches Gütesiegel hat, «Biobourgogne». Dieses Gütesiegel garantiert, dass ein Produkt spezifischen Anforderungen entspricht, die vom Landwirtschaftsministerium festgelegt sind.

Südlich von Saint-Florentin liegen die kleinen Dörfer Vergigny und Cheu, die sich in diesem Jahrhundert in ihrer Grösse nicht verändert haben. Früher hatte man sich dort auf den Anbau von Argenteuil-Spargel (dünne Stangen mit violetten Köpfen, die ganz gegessen werden) und kleinen roten Bohnen, bekannt als Coco de Cheu, die wegen ihrer Schmackhaftigkeit und ihrer Bekömmlichkeit sehr geschätzt werden, spezialisiert. Der kommerziellen Produktion dieser Gemüse kam die neu gebaute Eisenbahnlinie zugute, die diese Dörfer mit den Märkten von Paris verband. Die kleinen roten Bohnen von Cheu, die einer provenzalischen Bohnensorte ähneln, werden heute nur noch in geringem Umfang angebaut. Man findet sie noch auf den Märkten der Region. Sie schmecken ausgezeichnet in einer Potée bourguignonne oder gekocht in Beaujolais oder einem anderen jungen Rotwein (Rezept Seite 32).

Der Spargelanbau begann im Jahre 1860. Noch bis 1945 wurden jährlich etwa fünfundfünfzig Tonnen Spargel geerntet und mit der Bahn nach Paris geschickt. Bis zum Versand wurde der gestochene Spargel in den feuchten Weinkellern gelagert, wo er seine knackige Frische bewahrte. Noch immer kann man Spargel nicht maschinell, sondern nur von Hand ernten. Man sticht ihn mit einem Spargelstecher mit langer Klinge aus der Erde. In Scheiben geschnittener gekochter Spargel wird gern auch in Omeletts serviert. Sein delikates Aroma sollte nicht von kräftigen Saucen überdeckt werden. Seit dem Zweiten Weltkrieg hat die wachsende Industrie viele Menschen in die Städte gezogen. Dies hatte eine Entvölkerung der ländlichen Gegenden und einen Verlust bäuerlicher Traditionen zur Folge. Statt der Spargel- und Bohnenfelder findet man heute Anpflanzungen von jungen Bäumen. Ihr Anbau ist leichter als der von Spargel und ausserdem profitabler.

Hier und in vielen anderen Gegenden des Burgunds bemühen sich einige Idealisten, alte Traditionen zu bewahren, andere wieder aufleben zu lassen und moderne Methoden alten Bräuchen anzupassen. Einer von ihnen ist Francis Marquet, Lehrer am Lycée Agricole und Verfasser einer illustrierten Geschichte von Saint-Florentin. Er hat neues Leben in die Gemeinde von Vergigny gebracht, indem er ein im Juni stattfindendes Spargel-Festival ins Leben rief und die Confrérie des Asperges de Vergigny gründete, um für den örtlichen Spargel zu werben. Das vermag zwar nicht den Rückgang des Spargelanbaus aufzuhalten, erinnert aber zumindest die heutige Generation an die alte bäuerliche Tradition des Ortes. Neue Mitglieder der Confrérie werden von den alten eingeschworen. Sie tragen lange orangefarbene Cordsamtgewänder mit schwarz

*Oben links: Francis Marquet mit zwei
Begleiterinnen in ihren Roben bei dem Fest der
Confrérie des Asperges de Vergigny.
Links Mitte: Der Argenteuil-Spargel ist
eine rare Delikatesse. Man findet ihn im Juni auf
den Märkten.
Links unten: Würste hängen im Städtchen
Noyers-sur-Serein im Freien zum Trocknen.
Oben: Die roten Ziegeldächer des Städtchens
Fontenailles, das von Weizenfeldern umgeben ist.
Links: Cheu war einst berühmt für den Anbau
von Coco-Bohnen, der heute nur noch geringe
Bedeutung hat.*

Oben: Wenn Trüffel mit frischen Eiern aufbewahrt werden, verleihen sie diesen ihr einzigartiges Aroma. Darunter: Die mächtige Kirche von Saint-Pierre aus dem 12. Jahrhundert auf einem Hügel oberhalb Tonnerre. Rechts: Hinter einer Pappelreihe ist die Kirche von Lucy-sur-Yonne zu sehen. Auf dem Canal du Nivernais wurde früher Holz aus dem Morvan geflösst.

gesäumten Ärmeln. Dies waren die einzigen verfügbaren Gewänder, die man vor fünf Jahren für die erste Zeremonie der Confrérie ausleihen konnte. Man fügte violette Umhänge hinzu, die die violetten Spargelspitzen symbolisieren sollen. Während der Zeremonie werden die Eigenschaften des Spargels in Versen besungen. Die neugewählten Mitglieder der Spargelbruderschaft erhalten eine Medaille in Gestalt einer Spargelstange. Beim Spargelessen müssen sie geloben, jedes Jahr Spargel von Vergigny zu essen und dazu Chablis zu trinken.

In dem kleinen Dorf Châtel Gérard im Serein-Tal findet jedes Jahr ein Trüffelfest, die Fête de la Truffe, statt. Man findet verschiedene Trüffelarten in Burgund, darunter eine *(Tuber uncinatum)*, die nur hier heimisch ist. Diese Trüffel ist schokoladenbraun und von elfenbeinfarbenen Adern durchzogen. Laut dem Trüffelexperten und -züchter Michel Jalade war es diese Trüffelsorte, die als erste auf den Tisch der französischen Könige gelangte, da die Entfernung nach Paris nicht gross war. Obgleich in Burgund die Trüffelproduktion fast völlig aufgehört hat, werden Trüffeln noch in der Gegend um Tonnerre, Châtillon-sur-Seine und auf dem Plateau de Langres in Trüffelgärten gezogen. Diese *truffières* sind unter Eichen und Haselnussbäumen angelegt und benötigen bis zu zwölf Jahren, um einen Ertrag zu bringen. Die Burgunder Trüffel ist viel billiger als die Périgord-Trüffel, hat jedoch ein schwächeres Aroma als andere Sorten, das sich ausserdem beim Kochen völlig verliert. Sie wird daher roh in anderen Pilzgerichten, in Salaten und Nudelgerichten verwendet. Jean-Luc Barnabet, der Präsident der Vereinigung der Trüffelzüchter, serviert in seinem Restaurant in Auxerre so ungewöhnliche Delikatessen wie eine Trüffeleiscreme.

Seit zwanzig Jahren beschäftigt sich Michel Jalade in der Gegend östlich von Tonnerre nahe dem mächtigen Schloss von Tanlay mit den Geheimnissen der Trüffelzucht. Als ich ihn im Juni dort traf, war noch keine Trüffelsaison, obwohl die Burgunder Trüffeln früher als die im Périgord gesammelt werden. Nachdem er seine bellenden Trüffelsuchhunde eingesperrt hatte, zeigte mir der kleine drahtige Mann bereitwillig die *truffière* in seinem Garten. Er besitzt etwa fünfhundert Bäume für die Trüffelzucht. Ausserdem sucht er bei Tonnerre in einem Waldgebiet von viertausend Hektar nach Trüffeln.

Der jährliche Ertrag ist ein streng gehütetes Geheimnis in der Trüffelwelt, und nur wenige geben zu, dass sie mit Trüffeln handeln. Die Familie von Michel Jalade stammt aus der Provence und handelte seit langem mit Trüffeln. Doch selbst seine alte Tante hat ihm nie erzählt, wie viele sie gefunden hatte. Er zeigte mir dicke Alben mit Fotografien von der komplizierten Entwicklung der Trüffelsporen. Er erklärte mir, dass Trüffeln in Symbiose mit Baumwurzeln wachsen, später allerdings ihre Wirtsbäumen schwächen. Trüffeln zu ziehen ist schwierig und nicht immer von Erfolg gekrönt.

Madame Jalade verriet mir ein köstliches Trüffel-Dressing. Etwa fünfundzwanzig Gramm Trüffeln werden zwei Tage in einem Viertelliter Traubenkernöl eingelegt. Danach wird das Öl für das Dressing von einem gemischten Salat oder einem warmen, mit einigen Trüffelscheiben garnierten Kartoffelsalat verwendet. Der Trüffelduft und -geschmack wird auch von Rahm, Butter und Milch aufgenommen und fixiert. Wenn man die Trüffeln ein bis zwei Tage in einem luftdicht verschlossenen Behälter mit Eiern aufbewahrt, nehmen die Eier ein zartes, aber ausgeprägtes Trüffelaroma an.

Die Romanschriftstellerin Colette, die aus Saint-Sauveur-en-Puisaye stammte, war der An-

Essiggurken

Die delikaten Essiggürkchen, die in Appoigny von der Firma Segma Liebig Maille hergestellt werden, sind zu Recht berühmt. Etwa dreitausend Tonnen davon werden jährlich verkauft, von denen sechzig Prozent von den örtlichen Gemüsebauern stammen. Essiggurken sollen ihren Ursprung in Indien haben, doch bereits 1583 wurden sie in Burgund auf Banketten serviert. Im 19. Jahrhundert begann man sie im grossen Stil anzubauen, nachdem die Winzer wegen der katastrophalen Schäden durch die Reblaus gezwungen waren, vom Weinbau auf andere landwirtschaftliche Produkte auszuweichen. Die Essiggürkchen gibt es in verschiedenen Sortierungen: Die «extra fins» sind nur fünfzehn und die «fins» bis neunzehn Millimeter lang. Mit einer Länge von über dreiundzwanzig Millimetern gelten sie als «large» und erzielen einen entsprechend geringeren Preis. Nach dem Pflücken werden die winzigen Gurken für einige Stunden mit Salz bedeckt, dann abgerieben, in Gläser gelegt und mit Weissweinessig übergossen, der pro Liter mit vier Knoblauchzehen, einigen Zweigen Petersilie und Estragon sowie sechs schwarzen Pfefferkörnern aufgekocht wurde. Nach einem Monat sind sie reif zum Verzehr und werden zu Schinken oder Pâté de campagne gegessen.

Oben: Blumen als Beetumrandung eines Gemüsegartens.
Darunter: Eine Gemüsegärtnerei am Ufer des Serein.
Gegenüber oben: Verschiedene Apfelsorten,
die für die Herstellung von Cidre verwendet werden,
in der Plantage von Philippe Charlois.
Darunter: Apfelbäume bei Coulanges-la-Vineuse.

sicht, dass man mit Trüffeln nicht geizen sollte. Sie empfahl, diese im ganzen mit Speckstreifen in Chablis zu schmoren und mindestens eine Trüffel pro Person zu servieren.

Auf den Hügeln bei Coulanges-la-Vineuse pflücken Jean-Yves Lemoule und seine tahitianische Frau schon sehr früh am Morgen Kirschen, um sie rechtzeitig auf die Märkte und in die Supermärkte der näheren Umgebung zu bringen. In der Saison beschäftigen sie etwa dreissig Kirschenpflücker, die zum Teil bereits seit zehn Jahren, seit sie den Hof ihrer Eltern übernommen haben, zu den Lemoules kommen. Die Pflücker haben die Körbe an ihrem Gürtel festgebunden und pflücken die Früchte mit grosser Sorgfalt. Dabei achten die Lemoules sehr genau darauf, dass weder zu unreife noch zu reife Früchte gepflückt werden. Das ist schwieriger, als man denkt, denn dabei dürfen weder Zweige geknickt noch unreife Früchte abgebrochen werden. Als Kirschen für den Frischverzehr wachsen hier die Sorten Marmotte, Noire Brûlat, Hedelfingen, Starking und Van sowie die Sorte Early für die Konfitürenherstellung. Die Kirschsaison dauert nur wenige Wochen. Zum Hof der Lemoules gehören fünfzehn Hektar Kirschplantagen, acht Hektar Reben und fünfzig Hektar Weizen sowie Raps und Ackererbsen als Viehfutter.

In der Gemeinde Escolives-Saint-Camille, bei der einige aussergewöhnliche archäologische Funde aus der Römerzeit gemacht wurden, halten die örtlichen Kirschbauern einen kleinen Markt und am letzten Wochenende im Juni ein Kirschenfest ab, an dem die Qualitäten der einzelnen Kirschsorten heftig diskutiert und die besten Produzenten prämiert werden. Die Lemoules haben zweimal einen Pokal gewonnen, doch haben sie inzwischen keine Zeit mehr, am Wettbewerb teilzunehmen.

Etwa vierzig verschiedene Kirschsorten werden im nationalen Forschungsinstitut in Bordeaux verschiedenen Tests unterzogen. Nachdem sie auf Geschmack, Haltbarkeit, Wetterempfindlichkeit und Krankheitsresistenz, auf Pflückeigenschaft und Akzeptanz beim Verbraucher untersucht worden sind, werden nur die geeignetsten beibehalten. Daniel Moiron, ein Wissenschaftler am Lycée Agricole in Champ-sur-Yonne, fürchtet, dass so die empfindlichsten, aber vielleicht köstlichsten Sorten für immer verschwinden werden.

Die Weinberge

Das Institut National des Appellations d'Origine (INAO), das seit 1935 besteht, kontrolliert in Frankreich die Qualität von Wein und Nahrungsmitteln, indem es den einzelnen Produkten eine Herkunftsgarantie erteilt, die *Appellation d'origine contrôlée* (A.O.C.). Für jedes Produkt gibt es besondere gesetzliche Vorschriften, die besagen, dass der Herkunftsort angegeben werden muss und dass die Produktionsmethoden bestimmten regionalen Kriterien entsprechen müssen. Beim Wein bedeutet das, dass die Rebsorte, bei verschnittenen Weinen der Anteil der verschiedenen Rebsorten, der Ort und der Ertrag des Weinbergs, der Alkoholgehalt und die Methoden von Anbau und Vinifikation allesamt einem bestimmten Standard entsprechen müssen, damit der Wein die Bezeichnung A.O.C. verdient.

Die Regelung wird dem jeweiligen Stand der Technik angepasst, und die Höhe des Ernteertrags kann auf besonderen Antrag der Winzer vom INAO angepasst werden. Die Liste der Weine und Nahrungsmittel, die die Bezeichnung A.O.C. erhalten, wird von Jahr zu Jahr länger.

Ratafia

*Von den Obstplantagen auf dem Plateau des Pays
d'Othe hat man eine einzigartige Aussicht
auf die Ebene von Saint-Florentin. Diese Region
mit ihren über hundertfünfzig verschiedenen Apfelsorten war früher für die Cidre-Herstellung
bedeutender als die Normandie. Philippe und Florence
Charlois haben, nachdem sie von Philippes Vater
den Hof in der Nähe von Champion
übernommen haben, die alten Obstgärten in der Nähe
aufgekauft und wieder in Schwung gebracht.
Mit einer alten Saftpresse produzieren sie Cidre und
mit einem Destillierapparat, der seit langem
im Familienbesitz ist, brennen sie Apfelschnaps und
stellen Ratafia her. Dies ist eine alte burgundische
Spezialität, ein rustikaler Aperitif, der durch
Mazerieren vor allem von Kirschen, Himbeeren oder
schwarzen Johannisbeeren in gesüsstem
Alkohol hergestellt wird. Ratafia kann auch eine
Mischung aus Traubenmost und Marc de Bourgogne
sein oder wie hier im Pays d'Othe aus Apfelsaft,
Cidre und Apfelschnaps. Ratafia hat einen Alkoholgehalt von sechzehn bis achtzehn Prozent.*

Alle Weine werden in vier Grundsorten unterteilt: *vin de table, vin de pays, vin de qualité supérieure* und A.O.C. In Burgund werden die A.O.C.-Weine wiederum unterteilt in *grands crus* (die nur ein Prozent der Gesamtproduktion betragen), *appellations communales premiers crus* oder *villages premiers crus* (insgesamt elf Prozent), *appellations communales* (dreiundzwanzig Prozent) und *appellations régionales* (fünfundsechzig Prozent). Wenn ein klassifizierter Wein dem seinen Grad entsprechenden Standard einmal nicht entspricht, wird er heruntergestuft, bis er wieder seine frühere Qualität erreicht hat.

In Burgund ist man vom Wein besessen. Anfangs war dies für mich nicht so ganz nachvollziehbar; doch bald war auch ich fasziniert. Der Besuch bei einem Winzer in Burgund oder sonstwo in Frankreich ist wahrhaft ein Erlebnis. Beim Betreten eines dunklen Weinkellers mit seinem besonderen Duft hat man das Gefühl, in ein geheimnisvolles Heiligtum zu kommen. Zweifelsohne ist die Weinherstellung eine Leidenschaft, und nirgendwo ist sie so ausgeprägt wie in Burgund. Die Besonderheit des Weinbaus in dieser Region besteht darin, dass die Weingüter klein sind. Die meisten Winzer sind hier der Ansicht, dass es wesentlich ist, selbst im Weinberg und im Keller zu arbeiten, was nur bis zu einer bestimmten Grösse möglich ist.

Vor den Verheerungen durch die Reblaus nach der Mitte des 19. Jahrhunderts besass das nördliche Burgund die grösste Rebfläche der Region. Auf über vierzigtausend Hektar wurden mehr als dreissig verschiedene Rebsorten angebaut. Das lag weniger an den günstigen Bedingungen von Klima und Boden als an der Nähe zum durstigen Paris. Die Weinfässer wurden auf Lastkähnen zusammen mit Holz aus dem Morvan und Kalkstein für die Bauten in die Hauptstadt gebracht. Der Wein wurde damals sogar nach England, Belgien und Holland exportiert.

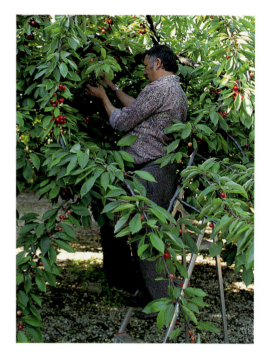

Bereits im 12. Jahrhundert wurde in Chablis von den Mönchen der Abtei Pontigny Wein gekeltert, und einige der *Clos,* der mit Steinmauern umschlossenen Weingärten, reichen bis ins 7. Jahrhundert zurück. In den Archiven der Abteien finden sich Hinweise darauf, dass der König den Abteien Land für den Weinbau schenkte.

Die Mehrzahl der Weine aus Nordburgund gehören zur *Appellation* Chablis, die sich in vier Kategorien unterteilt: Die *Grands crus* Chablis nehmen etwa hundert Hektar ein, die *Premiers crus* Chablis siebenhundert Hektar, Chablis zweitausenddreihundert Hektar und Petit Chablis dreihundertsechzig Hektar. In den letzten Jahren wurde die Anbaufläche enorm vergrössert (vor weniger als dreissig Jahren betrug sie nur sechzig Hektar). Der Grund liegt einmal darin, dass Wein einen höheren Gewinn abwirft als andere landwirtschaftliche Produkte und dass die Anbaufläche für Chablis erweitert wurde.

Chablis ist heute einer der bekanntesten Weine der Welt. Der beste Chablis, der *Grand cru,* hat sich seit der *Appellation d'origine contrôlée* von 1938 nicht verändert. Er wird aus der Rebsorte Chardonnay gekeltert und gedeiht am besten auf Kimmeridge-Kalk, auf dem die Stadt Chablis liegt. Die Vergrösserung der Anbaufläche der *Appellation* bedeutet, dass auch weit von der Stadt Chablis entfernte Dörfer nun ihre Weine Chablis nennen dürfen und dass der Boden, auf dem er wächst, nicht mehr aus Kimmeridge-Kalk bestehen muss. Probleme wie Frost im Mai bedeuten, dass die Produktionsmenge grossen Schwankungen unterworfen sein kann. Aber die Nachfrage ist konstant hoch, was sich auch im hohen Preis spiegelt.

Da die Weinberge klein sind und der Ertrag wegen des rauhen Klimas in Nordburgund

Gegenüber links: Das Pflücken und Sortieren der Kirschen in der Kirschplantage der Lemoules bei Coulanges-la-Vineuse. Das malerische Dorf, das seinen Namen den umliegenden Weinbergen verdankt, besitzt noch eine prächtige Weinpresse aus dem 18. Jahrhundert. Der Sage nach wurde hier im 17. Jahrhundert eine Feuersbrunst mit Wein gelöscht, da es mehr Wein als Wasser gab.

Oben: Weinberge auf den Hügeln bei Irancy, wo seit römischer Zeit Wein angebaut wird. Der Name der dort am häufigsten angebauten Rebsorte, César oder Romain, weist auf dieses Erbe hin. Da es schwierig ist, aus dieser alten Sorte guten Wein von gleichbleibender Qualität zu machen, wird sie nach und nach durch Pinot noir ersetzt, der klassischen roten Burgundertraube. Im Jahre 1977 erhielt Irancy das Recht, seine Weine «Bourgogne Irancy» zu nennen.

Oben: Die Kirche der Abtei Pontigny,
die von Zisterziensermönchen im 12. Jahrhundert
erbaut wurde. Ihnen gehörten die Weinberge
im Tal des Serein.
Oben rechts: Im Tal des Serein werden auf über
dreitausend Hektar Rebfläche Chardonnay-Trauben
für den Chablis geerntet, einen trockenen leichten
Weisswein von goldgrüner Farbe und mit
einem zarten Bouquet.
Rechts: Die letzte Schleuse des Canal du Nivernais,
bevor er bei Auxerre in die Yonne mündet.

schwankt, ist es für die einzelnen Winzer nicht leicht, den Wein zu produzieren, selbst auf Flaschen zu ziehen und selbst zu vertreiben. Deshalb haben sie sich in vielen Orten zu Genossenschaften zusammengeschlossen. So besitzt etwa die 1923 gegründete Genossenschaft La Chablisienne in Chablis keine eigene Weinpresse, sondern bekommt direkt den Traubenmost von ihren Mitgliedern, stellt daraus Wein her und vermarktet ihn.

Crémant de Bailly

*Im Dorf Bailly an den Ufern der Yonne
nahe den Weinbergen südlich von Auxerre kann man
eine Weinprobe der besonderen Art geniessen.
Im 12. Jahrhundert wurde hier Kalkstein gebrochen,
und die Steinbrüche, die 1914 geschlossen und
danach für die Champignonzucht genutzt wurden,
wurden 1972 in Weinkeller umgewandelt. Wenn man
aus der Sommerhitze in diese Keller kommt, empfängt
einen eine angenehme Kühle, und man ist tief
beeindruckt von den über vier Millionen Flaschen
Crémant, die in den weiten Gewölben aufgereiht
sind. An einem grossen Schanktisch können Besucher
den Schaumwein verkosten. Wie die anderen
Schaumweine Burgunds wird der Crémant de Bailly
nach der Méthode champenoise aus verschiedenen
Traubensorten, bei denen jedoch Pinot noir und
Chardonnay die Grundlage bilden müssen, hergestellt.
Der vergorene Traubensaft wird auf Flaschen gezogen
und durch Zuckerzugabe wird eine zweite Gärung
erzeugt. Die Flaschen werden mehrere Jahre gelagert
und dabei in Intervallen gedreht, bevor man sie
vereist, um das Sediment zu entfernen. 1975 wurde
den weissen und roten Schaumweinen Burgunds
die Appellation zuerkannt.*

L'Espérance

89450 Saint-Père-sous-Vézelay, Tel. 86 33 20 45

In Saint-Père-sous-Vézelay führt Marc Meneau, einer der besten Köche Frankreichs, ein entzückendes Hotel und Restaurant. Er ist in der Nähe von Saint-Père geboren und seinen burgundischen Wurzeln treu geblieben. Seine Speisekarte wird von den Jahreszeiten bestimmt, und seine verfeinerten Regionalgerichte entzücken selbst den verwöhntesten Gaumen. Er betont, dass ein Koch wie ein Maler Gerichte ständig neu erfinden müsse. Zum Wein meint er, dass er einen grossen Wein entweder für sich oder zu einem einfachen Gericht trinkt und einen einfachen Wein zu einem besonderen Gericht. Eine Mahlzeit solle nämlich nicht aus zwei grossartigen Dingen zugleich bestehen.

Crème de noix
Walnusscremesuppe

Eine einfache, aber köstliche Suppe für einen kalten Herbsttag, wenn es im Oktober die ersten frischen Nüsse gibt.

FÜR 4 PORTIONEN
200 g frische Walnusskerne, blanchiert
und gemahlen
1½ l entfettete Hühnerbrühe
½ l Rahm
Salz, frisch gemahlener schwarzer Pfeffer
100 ml Schlagrahm
50 g gehackte Walnüsse

• Die gemahlenen Walnüsse unter die Hühnerbrühe rühren. Auf kleiner Flamme um ein Drittel einkochen. Danach den ½ l Rahm einrühren und köcheln lassen, bis die Suppe sämig ist. Mit Salz und frisch gemahlenem schwarzem Pfeffer abschmecken.
• Unterdessen den Schlagrahm schlagen, bis sich weiche Spitzen bilden.
• Die Suppe in tiefen Tellern anrichten. Je einen Esslöffel Schlagrahm daraufsetzen und mit gehackten Walnüssen bestreuen.

Anguilles au laurier
Aal in Lorbeermarinade

FÜR 4 PORTIONEN
1,5 kg Aal, in 4 cm grosse Stücke geschnitten

FÜR DIE MARINADE
1 Knoblauchknolle, in Zehen geteilt
½ l Olivenöl
4 Lorbeerblätter

FÜR DIE SAUCE
1 Knoblauchknolle, in Zehen geteilt
400 ml Fleischjus oder kräftige Rinderbrühe
100 ml Olivenöl
Saft von 1 Zitrone
1 EL kalte Butter, gewürfelt
Salz, frisch gemahlener schwarzer Pfeffer

• Die Marinade am Vortag zubereiten. Die Knoblauchzehen in kochendem Wasser blanchieren, mit dem Olivenöl und den Lorbeerblättern vermischen und abkühlen lassen. Die Aalstücke mit der Marinade bedecken und über Nacht zugedeckt in den Kühlschrank stellen.

• Den Ofen auf 110°C vorheizen.

• Für die Sauce die Knoblauchzehen in dünne Scheibchen schneiden und diese 1 Minute in kochendem Wasser blanchieren. Den Fleischjus mit dem Öl und dem Zitronensaft in einem Topf verquirlen und abschmecken. Die blanchierten Knoblauchscheiben einstreuen und in der Sauce erhitzen.

• Die Aalstücke aus der Marinade heben und in eine feuerfeste Form setzen. Die Lorbeerblätter für die Garnitur bereithalten. Die Aalstücke mit der Sauce überziehen und im Ofen 15 Minuten weich garen. Danach die Sauce in einen kleinen Topf abgiessen, die Aalstücke mit Aluminiumfolie abdecken. Die kalte Butter in die Sauce schwenken und diese abschmecken.

• Die Aalstücke mit der Sauce überziehen und mit den Lorbeerblättern garnieren.

Gougères
Käsewindbeutel

Dieses Gebäck stammt aus Tonnerre. Bereits in französischen Texten des 13. Jahrhunderts wird ein Gebäck namens *Goyère* erwähnt; daneben gibt es auch eine flämische Version, die mit Käse bestreut ist. Gougères werden gewöhnlich zu Chablis als Imbiss gereicht. In ganz Burgund werden sie in Bäckereien und Metzgereien angeboten, sind aber auch sehr einfach selber zu backen. Man kann statt Greyerzer auch einen trockenen Ziegenkäse verwenden.

FÜR 24 STÜCK
125 g Butter, gewürfelt
½ TL Salz
1 Prise Cayennepfeffer
1 Prise geriebene Muskatnuss
115 g Mehl, gesiebt
4 Eier
150 g Greyerzer- oder Comté-Käse,
fein gewürfelt

• Den Ofen auf 200°C vorheizen.
• In einem Topf ¼ l Wasser mit der Butter, dem Salz, dem Cayennepfeffer und der geriebenen Muskatnuss vermischen und zum Kochen bringen. Den Topf vom Herd nehmen und das Mehl im Sturz unter kräftigem Rühren zufügen. Den Teig etwas abkühlen lassen. Dann die Eier nacheinander einrühren, bis die Masse dick und glänzend ist. Anschliessend den Käse unterheben.
• Esslöffelgrosse Häufchen Teig auf ein gut gefettes Backblech setzen und im vorgeheizten Ofen 15 Minuten backen. Danach die Hitze auf 180°C herunterschalten. Die Gougères weitere 15 Minuten backen, bis sie goldbraun sind. Sie sollen aussen knusprig und innen weich und saftig sein. Auf einem Kuchengitter auskühlen lassen.

Salade vigneronne

Löwenzahnsalat nach Art der Winzerin

Der beste Löwenzahn soll neben Maulwurfs-hügeln wachsen. Für einen Salat werden nur die zarten inneren Blätter der Rosette verwendet. Im Beaujolais fügt man diesem Salat noch gehackte hartgekochte Eier und Tomatenwürfel zu.

FÜR 4 PORTIONEN
140 g Räucherspeck
115 g zarte Löwenzahn- oder Friséeblätter
115 g Feldsalat
115 g gekochte Rande (Rote Bete), gewürfelt
1 EL Walnussöl
2 EL Rotweinessig
2 TL fein geschnittener Schnittlauch
Salz, frisch gemahlener Pfeffer

• Den Speck mit Wasser bedeckt kurz auf-kochen, herausheben und in dünne Streifen schneiden. Die Löwenzahnblätter und den Feld-salat gründlich waschen, trockenschleudern oder mit Küchenpapier trockentupfen. In eine Salat-schüssel geben und die gewürfelte Rande dar-überstreuen.
• Die Speckstreifen im Walnussöl 2–3 Minuten anbraten und zusammen mit dem Bratfett über den Salat geben.
• Die Pfanne wieder auf den Herd setzen und den Bratensatz mit dem Essig ablöschen. Den heissen Essig über den Salat träufeln. Den Salat wenden und mit Salz und Pfeffer abschmecken. Mit dem Schnittlauch bestreuen und sofort servieren.

Tarte au soumaintrain

Käsewähe aus Soumaintrain

Im Dorf Soumaintrain hatte man bereits aufge-hört, die örtliche Käsespezialität mit der gold-gelben Rinde zu produzieren. Da begann die Landwirtschaftskammer, die Produktion zu sub-ventionieren. Der Käse wird jetzt auf verschie-denen Bauernhöfen hergestellt. Falls Sie keinen Soumaintrain-Käse finden, ersetzen Sie ihn durch den ihm ähnlichen Chaumes aus der Dor-dogne.

FÜR 4 BIS 6 PORTIONEN
1½ TL Trockenhefe
2½ EL Speiseöl
1 TL Salz
350 g Mehl

FÜR DEN BELAG
6 EL Rahm
250 g Soumaintrain-Käse mit Rinde,
dünn geschnitten
Salz, frisch gemahlener schwarzer Pfeffer

• Für den Teig in einer grossen Schüssel die Hefe in 200 ml lauwarmem Wasser auflösen. Anschliessend 1½ EL Öl, das Salz und das Mehl zufügen und alles zu einem weichen, aber nicht klebrigen Teig verarbeiten. Falls nötig, noch etwas Mehl zufügen.
• Den Teig auf einer mit Mehl bestäubten Arbeitsfläche etwa 10 Minuten kneten, bis er glatt und elastisch ist. Zurück in die Schüssel geben und zugedeckt an einem warmen Ort etwa 1 Stunde auf das Doppelte gehen lassen.
• Den Ofen auf 230°C vorheizen und zwei Backbleche von 28 × 22 cm fetten.
• Den Teig halbieren. Die beiden Hälften auf der bemehlten Arbeitsfläche sehr dünn ausrollen und die Backbleche damit auslegen. Den Teig mit dem Rahm bestreichen, dabei einen 1 cm breiten Randstreifen frei lassen, mit den Käse-scheiben belegen und mit Salz und frisch ge-mahlenem Pfeffer bestreuen.
• Im vorgeheizten Ofen 20 Minuten backen. Sollte der Käse zu schnell bräunen, die Ober-fläche mit Aluminiumfolie abdecken. Die Wähen in Stücke schneiden noch heiss zu einem Salat oder zum Aperitif servieren.

Gratin de pommes de terre aux truffes

Getrüffelter Kartoffelgratin

FÜR 4 PORTIONEN
30 g Trüffeln, frisch oder aus der Dose
(nach Belieben)
150 ml Rahm
1 kg Kartoffeln, geschält und in dünne
Scheiben geschnitten
300 ml Milch
125 g Greyerzer, gerieben
75 g Butter, gewürfelt
Salz, frisch gemahlener schwarzer Pfeffer

• Den Ofen auf 180°C vorheizen und eine Gra-tinform von 26 cm Durchmesser leicht fetten.
• Auf einem Gemüsehobel die Hälfte der Trüf-feln in hauchdünne Scheiben schneiden, die restlichen Trüffeln würfeln. Falls Trüffeln aus der Dose verwendet werden, den Trüffelsaft mit dem Rahm verrühren.
• Die Gratinform mit der Hälfte der Kartoffel-scheiben auslegen. Mit der Milch begiessen und mit den Trüffelwürfeln und der Hälfte des Käses bestreuen. Die restlichen Kartoffeln darüber-schichten. Mit dem restlichen Käse und den Butterwürfeln bestreuen. Den Rahm mit Salz und Pfeffer würzen und darübergiessen.
• Im vorgeheizten Ofen 1½ Stunden backen. Während der ersten 30 Minuten die Form mit Aluminiumfolie abdecken. Mit den Trüffelschei-ben bestreuen und servieren.

Coco de cheu
à la vigneronne

Coco-Bohnen in Rotwein

Da in Burgund Wein stets zur Hand und günstig ist, ist es üblich, jungen Wein oder Weinreste zum Kochen zu verwenden. Die Coco-Bohnen aus der Gegend sind für ihren Wohlgeschmack berühmt. Sie können durch Kidneybohnen ersetzt werden. (Abbildung oben)

FÜR 4 PORTIONEN
450 g getrocknete Coco-Bohnen
1 grosse Zwiebel
2 Nelken
250 g geräucherter Schweinebauch oder magerer
Räucherspeck
400 ml kräftiger Rotwein
1 Bouquet garni
2 Knoblauchzehen

Salz, frisch gemahlener schwarzer Pfeffer
2 EL fein geschnittene Petersilie

• Die Bohnen abspülen und in einem grossen Topf mit Wasser bedeckt über Nacht einweichen. Danach in einem Sieb abtropfen lassen und zurück in den ausgespülten Topf geben. Mit Wasser bedecken und 10 Minuten sprudelnd kochen lassen. Das Wasser abschütten.
• Die mit den Nelken gespickte Zwiebel, den Speck, die Hälfte des Weins und 400 ml Wasser, das Bouquet garni und die Knoblauchzehen zufügen. Zugedeckt auf kleiner Flamme 2 Stunden kochen lassen, bis die Bohnen weich sind. Falls nötig, noch etwas Wasser nachschütten. Die Bohnen dürfen nach Ende der Kochzeit nicht völlig trocken sein.
• Vor dem Servieren den Speck in kleine Stücke schneiden. Die Bohnen mit Salz und Pfeffer abschmecken und mit Petersilie bestreuen.

Cailles rôties
dans des feuilles de vignes
avec des raisins

Wachteln im Weinblatt mit blauen
und weissen Trauben

Dieses Gericht kann auch mit Rebhühnern, Fasanen, Perlhühnern oder Stubenküken zubereitet werden. Es ist stets ein grosser Erfolg.

FÜR 4 PORTIONEN
8 küchenfertige Wachteln
8 grosse frische Weinblätter oder Weinblätter
aus der Dose, über Nacht kalt eingeweicht
und abgespült
8 Scheiben Bardierspeck
50 g Butter
200 ml trockener weisser Burgunder
1 EL Marc de Bourgogne oder Cognac
80 g Schalotten, fein gewürfelt
400 g blaue und weisse Trauben, geschält
und entkernt
Salz, frisch gemahlener schwarzer Pfeffer

• Die Wachteln binden, in je ein Weinblatt wickeln und mit den Speckscheiben umhüllen.
• Die Butter in einer grossen Pfanne erhitzen. Darin die Wachteln von jeder Seite 3 Minuten anbraten. Zugedeckt über reduzierter Hitze weitere 8 Minuten schmoren. Herausheben und zugedeckt warm stellen.
• Den Bratensatz mit dem Wein und dem Marc ablöschen. Die Schalotten einstreuen und 5 Minuten dünsten. Die Trauben zufügen und zugedeckt 2 Minuten erhitzen, dann herausheben und in einer Schüssel warm halten. Die Wachteln zurück in die Pfanne geben und 2 Minuten erhitzen, dabei einmal wenden.
• Die Wachteln, mit Sauce überzogen und mit Trauben umlegt, servieren.

Magrets de canard aux baies de cassis et aux poires

Entenbrust mit schwarzen Johannisbeeren und Birnen

FÜR 4 PORTIONEN
4 Entenbrüste, je nach Grösse ganze oder halbe
4 Comice-Birnen, geschält und geviertelt
200 ml Beaujolais
1 Nelke
½ Zimtstange
1½ EL Honig
250 g schwarze Johannisbeeren
4 EL Crème de Cassis

• Den Wein, die Gewürze und den Honig in einen Topf geben. Die Birnen zufügen und 5–10 Minuten pochieren, bis sie weich sind, aber noch ihre Form behalten.

• Die Entenbrüste nacheinander zuerst mit der Hautseite nach unten in einer trockenen Pfanne auf jeder Seite 8 Minuten anbraten, nach Belieben für fast blutiges Fleisch auch etwas kürzer oder für gut durchgebratenes etwas länger. Aus der Pfanne nehmen und warm stellen. Überschüssiges Fett abgiessen, den Wein zugiessen und unter Rühren 5 Minuten einkochen lassen.

• Anschliessend die Birnen, die schwarzen Johannisbeeren und den Crème de Cassis einrühren. Die Entenbrüste zufügen und 5 Minuten auf kleiner Flamme erhitzen.

• Die Entenbrüste aufschneiden, fächerförmig auf Teller verteilen und mit Birnen und schwarzen Johannisbeeren umlegen.

L'oie du champion
Mit Äpfeln gefüllter Gänsebraten

Dieses Rezept stammt von Philippe und Florence Charlois, die im Pays d'Othe Äpfel anbauen und daher auch Äpfel und Cidre aus der Gegend für dieses Gericht verwenden. Die idealen Beilagen sind Apfelgelee, Maronenpüree (Seite 117) und Bratkartoffeln.

FÜR 6 BIS 8 PORTIONEN
1 Gans von 4,5 kg mit Gänseklein
2 Zwiebeln, fein gewürfelt
2 Speckschwarten
3 Lauchstangen, zerschnitten
3 Karotten, gewürfelt
¾ l Cidre
1 Bouquet garni
1 Stange Staudensellerie,
in Scheiben geschnitten
1 Eigelb

FÜR DIE FÜLLUNG
2 Zwiebeln, fein gewürfelt
1 EL Gänseschmalz oder Speiseöl
4 kleine Äpfel, geschält, entkernt und gewürfelt
1 TL gemahlener Zimt oder Piment
3 EL Calvados
1 Gänseleber, fein gehackt
250 g Räucherspeck, klein gewürfelt
250 g Schweinefilet, durch den Fleischwolf
gedreht oder sehr fein gehackt
1 Scheibe altbackenes Weissbrot
2 Eier, verquirlt
Salz, frisch gemahlener schwarzer Pfeffer
1 EL Öl zum Braten

• Für die Füllung die Zwiebelwürfel im Gänseschmalz glasig dünsten. Die Apfelwürfel zufügen und 2 Minuten dünsten. Mit Zimt bestreuen und mit 2 EL Calvados beträufeln. Vom Feuer nehmen und abkühlen lassen.

• Den Ofen auf 230°C vorheizen. Die Gänseleber mit den Speckwürfeln und dem gehackten Schweinefleisch vermengen. Das Weissbrot mit dem restlichen Calvados beträufeln und zusammen mit den Eiern in der Küchenmaschine vermengen. Die Fleischmasse und die Zwiebel-Apfel-Mischung einarbeiten. Mit Salz und Pfeffer würzen. In einer kleinen Pfanne 1 Esslöffel der Masse braten, um die Würzung zu prüfen. Nach Belieben noch etwas Zimt und 1 EL Calvados zufügen.

• Die Gänsebrust mit Salz einreiben und die Haut mit einem spitzen Messer überall einstechen, damit das Fett beim Braten austreten kann. Die Gans füllen und auf einem Rost in einen grossen Bräter setzen, damit das Fett abfliessen kann. Die Gans im vorgeheizten Ofen etwa 45 Minuten anbräunen, dabei soviel Fett wie möglich mit einem Löffel abschöpfen und beiseitestellen.

• 1 EL des abgeschöpften Gänsefetts in einer Sauteuse auf mittlerer Flamme erhitzen. Darin die Zwiebeln, das Gänseklein, die Speckschwarten, den Lauch und die Karotten anbräunen. Mit dem Cidre ablöschen, zum Kochen bringen und zugedeckt auf kleiner Flamme 15 Minuten kochen lassen.

• Den Bräter aus dem Ofen nehmen und die Gans mit der Sauce umgiessen. Das Bouquet garni und den Sellerie zufügen. Den Bräter mit Aluminiumfolie abdecken und für 1–1½ Stunden zurück in den Ofen geben.

• Die Gans ist gar, sobald klarer Fleischsaft austritt, wenn man mit einem Messer in die dickste Stelle der Keule sticht. Den Bratensaft aus dem Bräter in einen Topf abgiessen und die Gans im abgeschalteten Ofen warm halten. Das Fett vom Bratensaft abschöpfen. Diesen auf kleiner Flamme erhitzen und mit dem Eigelb binden. Die Sauce abschmecken. Die Gans auf einem Gemüsebett servieren.

Faisan au cidre et aux fruits d'automne
Fasan mit Cidre und Herbstfrüchten
(Abbildung gegenüber)

FÜR 4 PORTIONEN
1 küchenfertiger Fasan von 1,3 kg
4 Scheiben Frühstücksspeck
50 g Butter
80 g Walnusskerne
¼ l trockener Cidre
2 EL Marc de Bourgogne
115 ml Crème fraîche
50 g Sultaninen
2 Quitten oder Äpfel, geschält, entkernt
und geviertelt
Salz, frisch gemahlener schwarzer Pfeffer

• Den Fasan innen und aussen würzen, binden und die Brüste mit den Speckscheiben belegen.

• Die Butter in einem Bräter erhitzen und die Fasane zusammen mit den Walnüssen, dem Cidre, dem Marc und der Crème fraîche zufügen. Zugedeckt etwa 45 Minuten schmoren, dabei die Fasane nach der Hälfte der Zeit wenden.

• Inzwischen die Sultaninen 30 Minuten in heissem Wasser einweichen.

• Den Ofen auf 200 °C vorheizen.

• Die abgetropften Sultaninen und die Quitten zum Fasan geben. Den Fasan weitere 15 Minuten im offenen Bräter schmoren. Aus dem Bräter heben, auf eine feuerfeste Platte setzen und im vorgeheizten Ofen etwa 10 Minuten bräunen.

• Inzwischen die Sauce auf grosser Flamme etwa 2 bis 3 Minuten sämig einkochen und abschmecken. Den Fasan mit den Walnüssen, den Sultaninen und den geviertelten Quitten umlegen, mit der Sauce überziehen und servieren.

Tourte bourguignonne

Burgunder Fleischpastete

Diese Pastete wird in Nordburgund an Festtagen serviert. Sie eignet sich ausgezeichnet für ein Picknick. Servieren Sie Essiggürkchen und einen Salat aus Brunnenkresse dazu.

FÜR 4 PORTIONEN
250 g mageres Schweinefleisch, in 5 x 5 cm grosse Würfel geschnitten
250 g Kalbfleisch, in 5 x 5 cm grosse Würfel geschnitten
2 ganze Zwiebeln, geschält
1 Knoblauchzehe, zerdrückt
4 frische Thymianzweige
1 EL Marc de Bourgogne
300 ml Weisswein
400 g Blätterteig
1 kleines Bund Petersilie
1 Eigelb, verquirlt
½ Päckchen Aspikpulver
Salz, frisch gemahlener schwarzer Pfeffer

• Am Vortag die Fleischwürfel mit Zwiebeln, Knoblauch, Thymian und Marc in eine Schüssel geben, mit dem Wein bedecken und zugedeckt über Nacht in den Kühlschrank stellen.
• Den Ofen auf 180°C vorheizen.
• Auf einer mit Mehl bestäubten Fläche den Blätterteig ½ cm dick ausrollen. Eine runde Platte entsprechender Grösse ausschneiden und damit eine tiefe Pastetenform von etwa 20 cm Durchmesser auslegen. Die Teigreste zu einem runden Deckel ausrollen.
• Das Fleisch aus der Marinade heben und trockentupfen. Eine der beiden Zwiebeln zurückbehalten. Die andere samt den Thymianzweigen entfernen. Die Flüssigkeit abseihen und für den Aspik verwenden, falls die Pastete kalt serviert werden soll.

• Die Hälfte der Fleischwürfel, die Zwiebel und die Petersilie fein hacken. Die Masse abwechselnd mit den restlichen Fleischwürfeln in die ausgelegte Pastetenform schichten, dabei mit dem gehackten Fleisch beginnen. Die Teigränder mit etwas verquirltem Eigelb bestreichen. Den Teigdeckel aufsetzen und die Ränder fest zusammenpressen. In der Mitte des Deckels ein Loch ausstechen und einen Dampfabzug aus Aluminiumfolie hineinstecken. Den Teigdeckel mit dem restlichen Eigelb bestreichen. Die Pastete 45 Minuten goldbraun backen.
• Die Pastete heiss servieren oder abkühlen lassen. Dazu die zurückbehaltene Marinade auf die Hälfte einkochen, das Aspikpulver in der heissen Flüssigkeit auflösen, durch ein Sieb giessen und dann durch das Dampfabzugsloch in die noch warme Pastete giessen. Nach dem Auskühlen stellt man die Pastete über Nacht oder mindestens 12 Stunden in den Kühlschrank.

Gâteau de meringue aux noisettes et au chocolat

Nussbaisertorte mit Schokoladensauce

Dieses Rezept wurde durch die köstlichen Honigbaisers von Joigny angeregt. Sie können den Baiserboden entweder mit einer Schokoladensauce überziehen oder mit Schlagrahm bestreichen und mit roten Beeren belegen.

FÜR 4 BIS 6 PORTIONEN
200 g Walnuss- oder abgezogene Haselnusskerne, grob gehackt
6 Eiweiss
1 Prise Salz
170 g Zucker
½ TL Vanilleessenz
1 TL Weissweinessig
1½ EL Mehl
1 TL Honig
2 TL Butter für die Form

FÜR DIE SCHOKOLADENSAUCE
115 g Schokolade
50 g weiche Butter
2 Eigelb

FÜR DEN RAHMÜBERZUG
200 ml Schlagrahm
1 EL Zucker
225 g rote Beeren (Himbeeren, Erdbeeren oder rote Johannisbeeren)

• Den Ofen auf 180°C vorheizen.
• Eine Tortenform mit ausgestelltem Rand *(moule à manqué)* mit weicher Butter ausstreichen und mit Backtrennpapier auslegen.
• Die Nüsse 10 Minuten im Ofen rösten, dabei mehrmals wenden. Abkühlen lassen.
• Das Eiweiss schlagen, bis sich weiche Spitzen bilden. Anschliessend Salz und Zucker zufügen und weiterschlagen, bis die Masse steif ist. Die Vanilleessenz und den Essig einrühren. Die Nüsse mit dem Mehl vermischen und zusammen mit dem Honig unter die Baisermasse heben. In die vorbereitete Form füllen und im vorgeheizten Ofen 1½ Stunden backen, bis die Masse fest ist. Aus dem Ofen nehmen und abkühlen lassen. Beim Abkühlen wird der Nussbaiser in der Mitte einfallen und weich werden.
• Für die Sauce die Schokolade zusammen mit der Butter in einer Schüssel im heissen Wasserbad schmelzen. Vom Wasserbad nehmen und die Eigelbe nacheinander mit dem Rührbesen einrühren. Den Nussbaiser damit überziehen.
• Statt mit Schokolade kann man den Baiserboden auch mit Schlagrahm überziehen. Den Rahm zuckern und steif schlagen. Auf den Baiserboden streichen und mit den Beeren bestreuen.

Tartouillat
Kirschkuchen

Tartouillat, Clafoutis oder *Flamusse* sind alles Namen für ähnliche Obstkuchen, die überall in Burgund und Frankreich serviert werden. Eine Art von Tartouillat wird in Kohlblättern gebacken. Unsere Version ist nicht so rustikal. Sie ähnelt mehr einem Kuchen und kann mit Kirschen, Äpfeln oder Birnen gefüllt werden.

FÜR 4 BIS 6 PORTIONEN
250 g Mehl
85 g feiner Zucker
1 Beutel Vanillezucker
1 TL Backpulver
3 Eier
3 EL Milch
75 g Butter, geschmolzen
900 g Süsskirschen, Äpfel oder Birnen

• Das Mehl zusammen mit dem Zucker in eine Schüssel sieben. Den Vanillezucker und das Backpulver untermischen und in die Mitte eine Mulde drücken. Die Eier und die Milch einrühren, so dass ein glatter weicher Teig entsteht. Danach die geschmolzene Butter einrühren und den Teig 30 Minuten ruhen lassen.
• Den Ofen auf 230°C vorheizen und eine runde Form von 20 cm Durchmesser mit weicher Butter ausstreichen.
• Die Kirschen entsteinen, die Äpfel oder Birnen schälen und in dünne Scheiben schneiden. Die Früchte unter den Teig heben. Die Masse in die Form füllen und im vorgeheizten Ofen 30 Minuten backen, bis ein Holzstäbchen, das man in die Mitte der Form sticht, glatt herauskommt. Den Kuchen etwa 5 Minuten in der Form abkühlen lassen. Danach herauslösen und auf einem Kuchengitter auskühlen lassen oder warm servieren.

Ganz links: Die Holzfällerei war die traditionelle Beschäftigung der Leute aus dem Morvan. Das Holz wurden auf den Flüssen Yonne und Cure nach Paris geflösst.
Links: Märkte und Feste mit Volkstänzen in bunten Kostümen gehören seit Jahrhunderten zum Leben im Morvan. Der Pflege dieser Traditionen widmen sich mit Begeisterung örtliche Gruppen.
Rechts: Pilze aus dem Morvan werden hoch geschätzt.

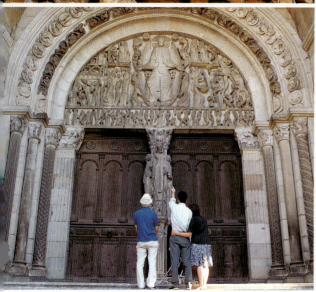

Oben: Die grossartigen romanischen Skulpturen der Kathedrale Saint-Lazare in Autun sind berühmt. Sie stammen vom Künstler Gislebertus, der in der ersten Hälfie des 12. Jahrhunderts in der Stadt lebte und arbeitete. Das Tympanon über dem Westportal zeigt das Jüngste Gericht: In der Mitte thront Christus in der Mandorla, zu seiner Linken befinden sich die Verdammten und zu seiner Rechten die Heiligen und die Seligen. Rechts: Friedlich grasende Charolaisrinder auf den hügeligen Weiden des Morvan.

Morvan

Mitten im fruchtbaren Burgund befindet sich der Morvan (keltisch für «schwarzer Berg»), eine kleine Region, die arm, wild und dünn besiedelt ist. Unwirtliche Berge und Wälder mit Birken, Eichen und Fichten trennen die kleinen Städte. Weisse Charolaisrinder, die die heimische rote Rasse verdrängt haben, Ziegen und Schafe grasen zwischen wilden Birnen- und Apfelbäumen.

Nirgends in Burgund ist die Landflucht so offensichtlich wie im Morvan. «Das Gebiet hat über fünfzig Prozent seiner Bevölkerung verloren, und heute scheinen dort nur noch Tiere und Pflanzen wirklich zu Hause zu sein», schreibt Fernand Braudel in seinem Frankreich-Buch. Auf diejenigen aber, die aus dem Stress des Stadtlebens kommen, übt die rauhe und öde Landschaft des Morvan einen beträchtlichen Reiz aus. Dies wurde von den Verantwortlichen für das Naturschutzgebiet Morvan erkannt. Man bemühte sich daher um die Förderung eines «grünen» Tourismus, indem Wander-, Radwander- und Reitwanderwege angelegt wurden. Die Verwaltung des Naturschutzgebietes ist jetzt nicht nur verantwortlich für den Schutz von Flora und Fauna, sondern auch für die Förderung und Pflege der kulturellen und kulinarischen Traditionen. Wie im übrigen Burgund öffnen auch im Morvan Bauern und Handwerker ihre Türen den Touristen. Es existieren dort jetzt mehrere *fermes auberges* und *chambres d'hôtes*, wo auch regionale Gerichte angeboten werden.

Schon immer hat der Morvan seinen Bewohnern nur ein karges Auskommen gewährt, und viele mussten sich Arbeit in der näheren oder weiteren Umgebung suchen. Viele verdingten sich als *galvachers*, transportierten mit ihren Ochsenkarren im Frühling Wein und Holz in ferne Städte und verkauften auf dem Heimweg im Herbst ihre Ochsen. Bei ihrem Aufbruch von Anost am 1. Mai versammelten sich die Bürger im letzten Gasthof vor dem Wald, um ihnen eine gute Fahrt zu wünschen. Heute gibt es ein Fest und ein Museum der *galvachers* in Anost. Die Frauen aus der Gegend gingen als Ammen nach Paris. Umgekehrt wurden auch Kinder aus Paris hergebracht, um von Familien im Morvan aufgezogen zu werden. Auch heute gibt es nur wenig Industrie. Im Morvan arbeiten sechsundzwanzig Prozent der Bevölkerung auf den kleinen Höfen im Vergleich zu siebeneinhalb Prozent im übrigen Burgund.

Als die Wälder der Normandie durch den grossen Holzbedarf der Kapitale dezimiert waren, wurde der Holzverkauf nach Paris zur wichtigsten Einnahmequelle der Menschen im Morvan. Sie hörten auf, Land urbar zu machen, zumal der Ackerbau auf den Granitböden der Gegend immer mühsam war. Es gibt hier auch keinen Wein- und keinen Getreideanbau. Der Morvan ist jedoch berühmt für die Zucht von Charolaisrindern. Die Kälber werden dann auf Märkten wie dem von Moulins Engilbert verkauft, um auf saftigen Weiden in fruchtbareren Regionen gemästet zu werden.

Das zähe Festhalten der Menschen aus dem Morvan an den örtlichen Traditionen zeigt sich in ihren Liedern, ihren Tänzen und in ihrer Küche. Ein altes Lied bezieht sich auf die Eier, die zerbrochen werden für das berühmte Morvandeller Omelett, das mit rohem Schinken und Pilzen zubereitet wird. In vielen burgundischen Rezepten steckt ein Element aus dem Morvan, ob-

Oben: Die örtlichen Bäckereien und Konditoreien bieten eine grosse Auswahl an Brot, Brioches und Kuchen sowie Konfekt und Eiscreme.
Darunter: Die mächtige Kathedrale Saint-Lazare erhebt sich über den Häusern von Autun.
Die von Mauern aus römischer Zeit umgebene Stadt beherbergte einst eine bedeutende römische Rhetorikschule und das grösste Amphitheater in ganz Gallien.

gleich traditionelle Gerichte wie die Crapiaux (Rezept Seite 54) immer seltener gegessen werden.

Der Hauptbestandteil der Nahrung im Morvan war Brot, das stets mit gebührender Ehrfurcht behandelt wurde. Das Ausleihen von Sauerteig zum Brotbacken galt als Symbol für gute nachbarschaftliche Beziehungen. Das örtliche Sauerteigbrot, das aus verschiedenen Getreidearten gebacken wurde, wird heute wieder von vielen Bäckereien und Restaurants angeboten. Es schmeckt köstlich mit Käse oder geräuchertem Fisch (Rezept Seite 61).

Es gibt zwar keine grösseren Städte im Morvan, doch am Rande dieses Naturparks liegen viele sehenswerte kleinere Städte. Autun im Südosten war in der Römerzeit ein Kulturzentrum. Ein römisches Theater, ein Tempel und römische Tore sind nur einige der Denkmäler, die besichtigt werden können. Auf einem Hügel in dieser alten Stadt steht die imposante Kathedrale Saint-Lazare, die einige der schönsten Skulpturen der burgundischen Romanik enthält.

Im Norden liegt die von alten Stadtmauern malerisch umgebene Stadt Avallon oberhalb des reissenden Flusses Cousin. Diese Stadt ist ein wichtiges Handelszentrum des nördlichen Morvan und der Region Yonne. Weiter südlich liegt die Stadt Saulieu mit der Basilika Saint-Andoch, deren Säulen zu den schönsten in ganz Burgund gehören. Einst war Saulieu eine blühende Stadt. Sie hat allerdings im neunzehnten Jahrhundert durch die Landflucht sehr gelitten. Heute ist die Stadt gastronomischer Mittelpunkt der Region. Hier werden grosse landwirtschaftliche und gastronomische Messen abgehalten wie die Journées Gourmandes und die Fête du Charolais.

Viele kämpfen heute darum, die landschaftliche Schönheit des Morvan zu bewahren und die Gegend lebendig zu erhalten. So wurde eine Organisation ins Leben gerufen, die Artisans Producteurs et Artistes du Morvan, die für die Pflege der Heimatkultur und für die regionalen Produkte wirbt. Sie veranstaltet Gourmet-Touren und Besichtigungen von Museen, Kirchen und Seen der Region.

Die Flüsse und Seen

Der Morvan ist reich an Bächen und Flüssen, in denen es von Forellen wimmelt. Doch der begehrteste Bewohner dieser Gewässer ist der Flusskrebs. Einst war der Morvan berühmt für seine Flusskrebse. Jetzt sind sie fast völlig verschwunden. Sie wurden überfischt und ein Virus, der mit einer neuen Krebsart aus Amerika eingeschleppt wurde, gab ihnen den Rest. Mir wurde oft erzählt, dass es früher so viele Flusskrebse gab, dass man sie mit blossen Händen aus dem Wasser schöpfen konnte. Man hat sich zwar bemüht, neue Zuchten anzulegen, hatte aber bisher keinen grossen Erfolg. Jetzt ist die Fischsaison für den Flusskrebs auf eine Woche im August beschränkt.

Die Stauseen im Morvan, die im 19. Jahrhundert zur Stromerzeugung und zur Regulierung des Flusses Yonne angelegt wurden, sind heute beliebte Erholungsplätze im Naturschutzgebiet. Fische wie Hecht und Zander aus den Seen und Forellen aus den Bächen werden oft «à la morvandelle» gegessen, eine Zubereitungart, die sehr unterschiedlich ausgelegt wird.

Links: Tänzer in der Tracht des Morvan tanzen zum Klang der Radleier, einem alten Instrument, das noch heute in Burgund gebaut wird.

Oben: Pain de Campagne, eine der vielen Landbrotsorten, die wegen steigender Nachfrage nach Vollkornbrot wieder in den Bäckereien gebacken werden.

Unten: Flusskrebse, die einst in den Gewässern des Morvan im Überfluss vorhanden waren, dürfen heute nur noch während einer Woche im Jahr gefischt werden.

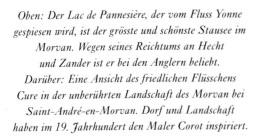

Oben: Der Lac de Pannesière, der vom Fluss Yonne gespiesen wird, ist der grösste und schönste Stausee im Morvan. Wegen seines Reichtums an Hecht und Zander ist er bei den Anglern beliebt.

Darüber: Eine Ansicht des friedlichen Flüsschens Cure in der unberührten Landschaft des Morvan bei Saint-André-en-Morvan. Dorf und Landschaft haben im 19. Jahrhundert den Maler Corot inspiriert.

Tauben

*Alte Taubenschläge zieren die burgundische Land-
schaft, aber die meisten von ihnen dienen nicht länger
ihrem ursprünglichen Zweck. Heute werden die Haus-
tauben gewöhnlich in eigens dafür gefertigten Käfigen
gehalten. Versteckt am Rande des kleinen Dorfes
Athée liegt das Haus der Familie Lehujeur.
Nicht weit davon entfernt ist ein grosser Schuppen,
der eine Reihe von Drahtkäfigen enthält,
in denen silbergraue und weisse Tauben nisten.
Ausser den Lehujeur gibt es nur noch zwei andere
professionelle Taubenzüchter in Burgund.
Die Lehujeur fingen zusammen mit der Familie
Delomaz 1987 mit der Taubenzucht an,
als sie aus Paris in den Morvan zogen. Die jungen
Tauben sind mit 28 Tagen schlachtreif, noch
bevor sie flügge werden. Die meisten Taubenrassen, die
heute in Frankreich gezüchtet werden, kommen
aus Amerika, da die importierten Rassen
krankheitsresistenter und besser im Geschmack sind.
Ausser dem Verkauf von küchenfertigen
Tauben stellen die Lehujeur Taubenterrinen, Tauben-
Foie-gras, Tauben-Rillettes und -Confits her,
Produkte, die man auf den Märkten von Avallon und
Saulieu am Delomaz-Stand kaufen kann.*

Die Wälder

Pilze beschäftigen die Leute im Morvan fast ständig. Etwa dreihundert Arten wachsen in der Region, und sobald der Holzfäller des Ortes verkündet, er habe den ersten Pilz der Saison gefunden, macht sich das ganze Dorf auf die Pilzsuche. Man rühmt sich seiner besonderen Fähigkeit,
Pilze zu finden, und ist zutiefst befriedigt, wenn man einen grossen festen Steinpilz oder einen
anderen raren Pilz gefunden hat. Pilze sind eine wichtige Zutat der regionalen Küche. Man isst
sie gern frisch oder verwendet sie im Winter getrocknet in Terrinen. Die Grösse der Pilzernte
ist von Jahr zu Jahr verschieden. Sie hängt vom Mond und vom Wetter ab.

Pilzsucher hüten ihre Geheimnisse. Keiner will den anderen auf gute Pilzgründe aufmerk-
sam machen. Die Konkurrenz ist allerdings nicht auf das Dorf beschränkt. Gruppen von Pilz-
suchern, von den Einheimischen «Türken» genannt, kommen von weit her, um die gesammelten
Pilze dann auf dem Markt von Rungis in Paris zu verkaufen. Die Einheimischen sind darüber
so erbost, dass sie am liebsten ein Gesetz hätten, das das Stehlen ihrer Pilze verbietet.

Die beste Zeit für die Pilzsuche ist der Herbst. Dann werden in den Wäldern des Morvan
Sammelstellen eingerichtet, an denen sich die Pilzsucher mit ihren Pilzen einfinden. Diese werden dort sortiert und mit Lastwagen nach Paris gebracht, wo sie am nächsten Morgen zum Verkauf angeboten werden.

Viele verschiedene Pilzsorten werden auf den Märkten der Region verkauft. Stets besonders
begehrt sind die grossen braunen Steinpilze, vor allem, wenn sie noch jung und weissfleischig
sind, und die von Feinschmeckern hochgeschätzten Morcheln.

Links: Pilze gibt es im Morvan fast das ganze Jahr über, am meisten jedoch im Herbst. Diese Exemplare wurden auf dem jährlichen Pilzmarkt in der Auberge de l'Atre in Quarré-les-Tombes ausgestellt. Die Restaurants der Gegend bieten dem Pilzliebhaber eine ganze Palette verschiedener Pilzgerichte.

Früher wurden Pilze oft als Grundlage von Suppen verwendet, die im Morvan stets den Hauptbestandteil einer Mahlzeit ausmachten. Es waren einfache Suppen, die meist nur aus einer Handvoll Gemüse, Trockenbohnen und etwas Räucherspeck zubereitet und über Scheiben von geröstetem Landbrot gegossen wurden. Eine raffinierte moderne Version dieser Suppen ist die Kartoffelsuppe mit Majoran und Steinpilzen (Rezept Seite 54).

Ein anderes Nahrungsmittel, das von alters her in den Wäldern gesammelt wurde, sind Esskastanien. Sie wurden über dem Feuer geröstet, als Brei gegessen oder zusammen mit Gemüse und Speck geschmort (Rezept Seite 56). Mit Schokolade vermischt, ergaben sie ein beliebtes Dessert. Wenn Getreide wie Weizen oder Roggen knapp war, wurde Brot aus Kastanienmehl gebacken. Am letzten Sonntag im Oktober wird in der Nähe von Autun, im Dorf Saint-Léger-sous-Beuvray, ein Kastanienmarkt abgehalten.

Oben: Schild des Fahrrad-Wanderwegs im Naturschutzgebiet Morvan. Hier werden Sportaktivitäten wie Reiten und Wandern, Windsurfen auf den Seen, Angeln, Kanu- und Wildwasserfahrten auf den Flüssen gefördert.
Rechts: Dichte Fichtenwälder säumen die Ufer des Flusses Canches.

Die Landwirtschaft im Morvan

Gérard Maternaud und seine Frau sind im Morvan in der Nähe von Quarré-les-Tombes geboren. Ihr Bauernhof liegt in den Wäldern bei Quarré. Gérard ist ein stämmiger Mann mit dem typischen Morvandiau-Akzent. Ursprünglich hatte er Charolaisrinder gezüchtet. Als er mit der Konkurrenz nicht mehr mithalten konnte, verlegte er sich 1969 auf den Erdbeeranbau. Schon 1982 produzierte er soviel Früchte und Gemüse, dass er die meisten Restaurants der Region versorgen konnte. Jetzt pflanzt er auch noch Weihnachtsbäume an. Seine Kinder arbeiten alle mit. Heute verschickt Monsieur Maternaud Mini-Gemüse sogar nach Irland (es wird wegen seines optischen Reizes von Restaurants sehr geschätzt) und Pilze bis nach Japan. Er baut fünfzig verschiedene Gemüsesorten an, deren Samen er meist aus England bezieht: runde Pariser Karotten, Pastinaken (die in Frankreich fast in Vergessenheit geraten sind), Randen (Rote Bete), Wurzelpetersilie sowie die verschiedensten Küchenkräuter, darunter rotblättriges Basilikum, Kerbel, Anis, Musc de Provence, Portulak, Liebstöckel und Bohnenkraut. Er produziert nach biologischen Anbaumethoden und verwendet pro Jahr etwa dreihundert Tonnen Dung, die er von biologisch geführten Bauernhöfen bezieht.

Oben: Gérard Maternaud baut auf seinem Hof mitten in den Wäldern des Morvan die verschiedensten Gemüse- und Beerensorten für die Märkte und Restaurants der Umgebung an. Erdbeeren, Himbeeren und Johannisbeeren bilden den Hauptbestandteil seiner Produktion.
Rechts: Eine kleine Herde von Charolaisrindern wird in der Nähe von Saulieu einen Feldweg entlang getrieben. Die Rinder werden im Morvan zwar gezüchtet, wegen der kargen Weiden aber meist als Jungvieh auf den Viehmärkten in Moulins-Engilbert und Saint-Christophe-en-Brionnais verkauft (siehe Seite 99–101).

Schinken aus dem Morvan

Die besten Schinken werden von den *charcutiers* aus Fleisch von Schweinen der Region hergestellt. Diese Schweine sind eine Kreuzung aus der Charolais- und der Yorkshire-Rasse. Das besondere Aroma ihres Fleisches soll daher rühren, dass sie beinahe wild in der Wäldern des Morvan umherstreifen. Die Schinken werden nicht geräuchert. Sie werden mit Salz, Pfeffer, Knoblauch und Essig eingerieben und in einem kühlen Salzhaus dreissig Tage gereift. Danach werden sie locker in Baumwollbeutel gebunden und mindestens sechs Monate in luftigen Räumen getrocknet. Früher hingen in jedem Haus im Morvan Schinken auf dem Dachboden.

Man kann den Schinken ganz oder in Scheiben geschnitten kaufen. Einige *charcutiers* lösen den Knochen aus und verkaufen das Schinkenfleisch vakuumverpackt. Ein kleiner Imbiss, hier «grêle» genannt, besteht aus einer Scheibe Brot, die mit einer über einem offenen Feuer gerösteten Scheibe Schinken belegt ist.

Nach ihrer Lehre in der grossen Schinkenfabrik Dussert in Arleuf eröffnete Micheline Gaudry zusammen mit ihrem Mann, der aus Lyon stammt, 1947 eine Charcuterie in Château-Chinon. Ihr Geschäft ist jeden Tag von morgens bis abends geöffnet. Sie beginnt bereits gegen vier Uhr morgens mit dem Backen von Gougères, Brioches-aux-griaudes und Entenpasteten.

 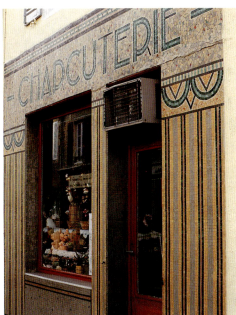

Brioches und Galettes

Brioches-aux-griaudes und Galettes-aux-griaudes gibt es in Charcuterien in ganz Burgund. Griaudes sind die Grieben, die beim Auslassen von Schweinespeck anfallen. Das Schmalz wird in kleinen weissen zylindrischen Töpfchen verkauft und zum Kochen verwendet, was allerdings heute immer weniger geschieht. Die griaudes werden in Hefeteig eingearbeitet und das Gebäck als kleiner Imbiss oder mit einem Salat als leichte Mahlzeit gegessen. Die flachen, kreisrunden Galettes werden aus einfachem Brotteig gebacken, während der Teig für die ringförmigen Brioches reichhaltiger ist. In La Clayette werden in süsse Brioches Dörrzwetschgen eingearbeitet, in Chalon und Autun gibt man rosa Zuckermandeln hinein.

Oben links: Die luftgetrockneten Morvan-Schinken hängen in Baumwollbeuteln an den Dachsparren.
Oben rechts: Eine Charcuterie in Château-Chinon mit einer reizvollen Art-Déco-Fassade. In den meisten Charcuterien der Region werden noch die örtlichen Spezialitäten hergestellt.

Oben: In gut gewürzter Bouillon pochierte Andouilles in der Charcuterie Gaudry in Château-Chinon. Unten: Das schöne Ladenschild der Delikatessenhandlung von Yves Perreau lädt in eines der besten Geschäfte der Gegend ein.

Im Winter macht sie Schinken, Räucherspeck, die regionalen Dauerwürste (saucisson cendré, rosette, judru), Pökelfleisch und Kuttelwürste (andouilles). Luftgetrocknete Würste werden meist im November gemacht, wenn das Wetter kühl ist und das Fleisch nicht verdirbt, und erst im darauffolgenden Juni oder Juli verkauft, wenn ihr Trocknungsprozess abgeschlossen ist.

Eine Spezialität des Morvan ist eine grosse Kuttelwurst (andouille), die zusammen mit weissen Bohnen gekocht wird. Andouilles werden aber auch in Weisswein wie etwa in Chablis gegart. Sie gelten als Delikatesse und sind in ganz Frankreich sehr gefragt. Einige Metzger aus dem Morvan liefern sie sogar bis nach Paris.

Auf der Hauptgeschäftsstrasse in Saulieu, zwischen Bäckereien und einem altmodischen Café mit einer Theke aus Holz und Spiegeln aus den zwanziger Jahren, liegt der Laden von Perreau, einem Charcutier und Traiteur. Hier wird eine regionale Spezialität gemacht, die Tourte morvandelle, eine Blätterteigpastete mit einer Füllung aus in Weisswein mariniertem Schweinefleisch. Sie ähnelt der Tourte bourguignonne (Rezept Seite 36). Manchmal wird die Fleischfüllung auch mit Kartoffeln gestreckt, und in einigen Orten, wie in Lormes und Corbigny, wird die Pastete auch entweder mit einer Kartoffelfüllung oder einer Fleischfüllung zubereitet.

Honig

Zu jenen, die der Hektik der Stadt entflohen sind und nun zur Wiederbelebung des Morvan beitragen, gehören auch Dominique und Jean-Jacques Coppin, ein junges Paar, das sich in der Nähe von Château-Chinon niedergelassen hat. Dominique ist die Präsidentin der Association d'Artistes Producteurs et Artisans du Morvan. Sie wirbt für die Produkte des Morvan und kämpft für die Erhaltung der alten Bräuche. Daneben organisiert sie in der ganzen Gegend das Sammeln und Sortieren der Pilze für den Verkauf.

Die beiden Coppin fingen 1976 mit der Honigproduktion an und haben seitdem auf Landwirtschaftsausstellungen ständig Gold- und Silbermedaillen gewonnen. Ihre achthundert Bienenstöcke sind über den ganzen Morvan verteilt. Da die Bienen in der Regel die nächstliegenden Blüten anfliegen, stellt Jean-Jacques die Stöcke neben den blühenden Pflanzen auf, deren Aroma der Honig annehmen soll. In der Honigsaison, die von Mai bis August dauert, erntet er zwischen fünfhundert Kilogramm und einer Tonne Honig am Tag. Menge, Qualität und Art der Honigausbeute ist allerdings nie vorhersehbar. Das hängt nicht zuletzt vom Wetter ab, welches nicht nur die Nektarsuche der Bienen, sondern natürlich auch die Blüte beeinflusst. Jean-Jacques berichtet amüsiert, dass die Bienen manchmal so schwer mit Pollen beladen sind, dass sie kaum noch fliegen können und wie betrunken in den Bienenstock torkeln.

Der Honig ist unbehandelt und wird nicht erhitzt. Die vollen Waben, die auf hölzernen Tabletts aus dem Bienenstock herausgenommen werden können, werden in der Zentrifuge geleert. Der Schleuderhonig wird zweimal gefiltert und muss anschliessend zwei Wochen bis einen Monat ablagern. Er darf jedoch nicht zu lange lagern, da er sonst an Geschmack und Nährstoffen verliert. Treue Kunden warten jedes Jahr auf den Honig von Coppin und kommen von weit her nach Château-Chinon, um ihn zu kaufen. Neben Tannen-, Kastanien-, Wildblüten- und Akazienhonig machen die Coppin auch ein dunkles saftiges Honigbrot. Ausserdem stellen sie Bienenwachskerzen und eine Bienenwachspolitur her.

*Oben und rechts: Bienenstöcke in der Nähe
von Château-Chinon, die von Jean-Jacques Coppin,
ihrem Besitzer, gewartet werden. Mehrere
verschiedene Honigsorten können im Laden
der Coppin probiert werden.
Unten: Zum Verkauf angebotenes Bienenwachs.*

Marmelade

Burgund ist berühmt für seine Marmeladen
wie Raisiné (aus Trauben) oder Épine-vinette
(aus Hagebutten) Die meisten Konditoreien und sogar
so berühmte Restaurants wie das Vieux Moulin
bei Beaune verkaufen selbstgemachte Marmelade.
Es gibt jedoch auch einige kleinere spezialisierte
Produzenten, die das ganze Jahr über Marmelade
herstellen, wie etwa Bernard Bérilley aus Trinquelin.
Als ich den schlanken bärtigen Mann besuchte,
rührte er gerade mit einem grossen Holzlöffel
Himbeermarmelade in einem Kupferkessel.
Seine Abkühlvorrichtung besteht aus einem Einkaufs-
wagen aus dem Supermarkt, der, mit Marmeladen-
gläsern gefüllt, an Ketten in ein kaltes Wasserbad getaucht wird. Für seine verschiedenen
Marmeladensorten verwendet er nur beste Früchte
und ganz wenig Zucker. Das bedeutet, dass
die Marmelade zwar dünnflüssiger, aber bedeutend
aromatischer ist. Sein Angebot umfasst zweiund-
zwanzig Sorten, darunter auch Quitten- und
Holundermarmelade. 1982 stellte er ausschliesslich
aus seinen eigenen Früchten zweitausend Gläser
Marmelade her, heute beträgt seine jährliche
Produktion siebzigtausend Gläser. Seine Kirsch-
marmelade macht er aus der Sorte Belle de Juillet,
die ein Gärtner in der Nähe von Coulanges-
la-Vineuse eigens für ihn anbaut.

Oben und unten: In Villapourçon stellt Luc Digonnet und seine Familie kleine runde Käse (Crottins) und einen grossen sahnigen Tomme du Morvan aus Ziegenmilch her.

Oben: Der frische Tomme aus der Abtei von La Pierre-qui-Vire muss in den Kellern der Käserei mehrere Monate reifen.
Links und unten: Die erste Phase der Käseherstellung ist das Abtropfen der Molke, nachdem die Milch mit Lab versetzt worden ist. Der Käse wird dann gewendet, auf beiden Seiten gesalzen und muss anschliessend trocknen (unten).

Oben: La Boule des Moines, ein mit Kräutern und Knoblauch vermischter Frischkäse aus der Käserei der Abtei von La Pierre-qui-Vire.
Links und ganz oben: Marktstände in Saulieu bieten eine verlockende Auswahl an Ziegenkäse in verschiedenen Reifegraden an.

Oben und unten: Auf einem Bauernhof in einem idyllischen Tal bei Onlay macht François Guyonnet Schafskäse.

Ziegenkäse

Auch Luc Digonnet, ein nachdenklicher, aber mitteilsamer Mann, hatte sich entschlossen, die Hektik der Stadt gegen die friedvolle Ruhe des Morvan einzutauschen. Jetzt produziert er in der hügeligen Umgebung von Villapourçon Schafskäse. Die Käseherstellung ist, wie er sagt, eine delikate Angelegenheit, der Käse müsse behandelt werden «wie eine Jungverheiratete, die man nicht drängen dürfe».

Digonnet ist der Vorsitzende von Fromages Caprins de Bourgogne, der Vereinigung der Ziegenkäseproduzenten von Burgund. Er besitzt eine Herde von hundert weissen Saanenziegen. aus deren Milch er auch eine neue Käsesorte, den Tomme du Morvan, macht. Diese grossen Käselaibe produziert er zusätzlich zu den kleinen Crottins, die jedoch nach wie vor bei seinen Kunden am beliebtesten sind. Der Tomme hat einen delikaten ausgeprägten Geschmack und, wenn er reif ist, eine überaus feine und rahmige Konsistenz.

Klosterkäse

Kaum etwas ist so köstlich wie der weisse Frischkäse aus dem Morvan. Im Nordosten der Region befindet sich die Benediktinerabtei von La Pierre-qui-Vire. Die Abtei wurde im 19. Jahrhundert erbaut. Sie ist nach einem Granitdolmen benannt, der sich bewegen soll. Wenn er sich je bewegt hat, so tut er es heute bestimmt nicht mehr, da er festzementiert wurde. Trotz der imposanten Grösse des Klosters leben dort nur noch fünfundsiebzig Mönche. Die Abtei besitzt sechzig Hektar Weideland, zehn Hektar für den Getreideanbau und fünfzig Hektar Wald. Bis 1988 bewirtschafteten die Mönche das Land selbst. Seit 1938 machten sie den Käse von La Pierre-qui-Vire, für den die Abtei berühmt ist, und 1969 stellten sie die Landwirtschaft, die Viehzucht und die Käserei auf biologische Methoden um.

1988 verpachteten sie die Landwirtschaft an die aus der Normandie stammenden Eheleute Anthore, weil der Abt meinte, dass die Arbeit auf dem Hof mit den religiösen Pflichten der Mönche nicht mehr zu vereinen wäre. Das Ehepaar Anthore produziert weiterhin den Käse, der wie eh und je beliebt ist. Er wird nicht nur im Refektorium von den Mönchen gegessen, sondern auch im Klosterladen verkauft. Die Eheleute haben nun fast das Pensionsalter erreicht, und ihre Tochter Elisabeth übernimmt die Landwirtschaft. Sie ist zugleich voller Zuversicht und einigen Bedenken bezüglich der anstehenden Veränderungen: Die gesamte Meierei soll gemäss EU-Richtlinien umgebaut werden.

Eine Herde von zwanzig Stück braunem Alpvieh liefert die Milch für verschiedene Käsesorten: für den traditionellen Frischkäse, der seit alters her ungeformt verkauft wird («moulé à la louche», d.h. mit dem Löffel abgestochen), für die Boule de Saint-Pierre-qui-Vire, einen Frischrahmkäse mit Knoblauch und Kräutern, und eine neue Sorte, einen Tomme, der dem Cantal aus der Auvergne ähnelt. Als Elisabeth mir erklären wollte, wie sie ihren Käse macht, wurde sie von ihrer Mutter mit der Warnung unterbrochen, keine Produktionsgeheimnisse zu verraten. Sie sagte jedoch lachend, dass sie das, worauf es ankomme, sowieso ausgelassen habe. Ich entgegnete, dass es für die Herstellung eines guten Käses immer Erfahrung und Fingerspitzengefühl braucht und nicht nur ein Rezept.

La Côte d'Or

2, Rue Argentine, 21210 Saulieu, Tel. 80 64 07 66

Die neue *autoroute* nach dem Süden umgeht Saulieu. Das hatte zur Folge, dass der obligate Halt zum Mittagessen im La Côte d'Or für viele ausfiel. Der innovative Koch Bernard Loiseau hat jedoch dazu beigetragen, dass Saulieu wieder einen festen Platz auf der kulinarischen Landkarte hat. Er begann seine Arbeit 1975 in diesem Restaurant und hat es 1983 gekauft. Präsident Mitterand verlieh ihm 1995 die *Légion d'Honneur* für seine Verdienste um Frankreich. Ausser ihm wurde unter den Köchen Frankreichs in den letzten zwanzig Jahren nur noch Paul Bocuse diese Ehre zuteil.

Bernard Loiseau erfindet die grossen traditionellen Gerichte Burgunds neu. Er bemüht sich um natürliche und einfache Aromen. Er verwendet wenig oder gar kein Fett und nur die allerbesten Produkte. Seine Art zu kochen wurde als «cuisine au jus» bezeichnet. Es ist eine Küche, die sich der natürlichen Säfte der Zutaten bedient, um ein Gericht schmackhaft zu machen.

La poularde à la vapeur «Alexandre Dumaine»

Gedämpfte Bressepoularde mit Trüffeln

Alexandre Dumaine, der frühere Eigentümer von La Côte d'Or, hat viele der heutigen grossen Köche beeinflusst. Das folgende, von ihm kreierte Gericht hat Bernard Loiseau in abgewandelter Form in sein eigenes Repertoire übernommen.

FÜR 4 PORTIONEN
1 Bressepoularde von 1,8 bis 1,9 kg
3 EL Cognac
3 EL Madeira
150 ml Trüffelsaft
30 g Trüffeln aus der Dose
1 kleiner Lauch, 1 kleine Karotte,
1 weisses Rübchen, in streichholzdünne
Streifen geschnitten
30 g Hühnerleber
2 l Geflügelbrühe
1½ l Ochsenschwanzbrühe
125 g Basmatireis
150 g Butter
Salz, frisch gemahlener schwarzer Pfeffer

- Für die Marinade am Vortag den Cognac und den Madeira in einem kleinen Topf erhitzen und flambieren. Nach dem Verlöschen der Flammen den Trüffelsaft einrühren und abkühlen lassen.
- 4 dünne Trüffelscheiben schneiden und jeweils unter die Haut der beiden Brüste und Schenkel der Poularde schieben. Die Gemüsestreifen 4–5 Minuten über Dampf garen. Die Leber 4 Minuten in einer kleinen Pfanne bräunen, danach in kleine Stücke schneiden.
- Die Poularde innen und aussen abspülen und mit Küchenpapier trockentupfen. Die Gemüsestreifen mit der Leber vermischen und die Poularde damit füllen. Diese in eine flache ofenfeste Form setzen und mit der Marinade übergiessen. Über Nacht kühl stellen.
- Am nächsten Tag die beiden Brühen in eine feuerfeste irdene Kasserolle giessen, die gross genug sein muss, um die Form mit der Poularde aufzunehmen. Einen Untersatz in die Kasserolle stellen und darauf die Form setzen. Die Poularde würzen. Den Deckel aufsetzen und mit einem feuchten Küchentuch abdichten.
- Die Kasserolle auf sehr kleiner Flamme aufsetzen, damit die Poularde während des Dämpfens nicht zäh wird. Wenn der Deckel sehr heiss geworden ist, muss die Poularde noch 1¼ Stunden weitergaren, dabei den Deckel 3- bis 4mal mit lauwarmem Wasser übergiessen. Danach vom Feuer nehmen und die Poularde 10 Minuten ruhen lassen.
- Unterdessen den Reis garen und ausdämpfen lassen. Die restlichen Trüffeln fein zerhacken und zusammen mit dem Trüffelsaft und der Butter auf kleiner Flamme unter den Reis mischen.
- Den Deckel der Kasserolle abheben und die Poularde mit 2 Kellen Brühe übergiessen. Die Poularde zerteilen, zusammen mit der Gemüsefüllung auf den Reis legen und mit etwas Brühe übergiessen.

La rose des sables
Wüstenrosen

FÜR 4 PORTIONEN

FÜR DIE ORANGENSAUCE
3 unbehandelte Orangen
2 kg Zucker
6 Orangen, Saft

FÜR DIE HIPPENBLÄTTER
6 Eiweiss
140 g Puderzucker, gesiebt
75 g Mehl, gesiebt
30 g Kakao, gesiebt
75 g zerlassene Butter

FÜR DAS SORBET
½ l Milch
450 g Zucker
200 g Kakao, gesiebt
150 g gute Bitterschokolade

- Für die Sauce am Vortag in die 3 Orangen je einen Einschnitt machen und sie in kochendem Wasser blanchieren. In einem Topf 3 Liter Wasser und den Zucker unter ständigem Rühren zum Kochen bringen. Die blanchierten Orangen zufügen und auf kleinster Flamme etwa 6 Stunden kochen lassen, dabei mehrmals abschäumen. Die Orangen herausheben, pürieren und mit dem Orangensaft verrühren. Mit Frischhaltefolie abdecken und kühl stellen.
- Für die Hippen das Eiweiss schlagen, bis sich weiche Spitzen bilden. Den Puderzucker zufügen und den Eischnee steif schlagen. Das Mehl und den Kakao unterheben und die flüssige Butter einrühren. Die Masse in 20 Kreisen von je 8 cm Durchmesser auf ein Backblech streichen. Im auf 180 °C vorgeheizten Ofen etwa 3 Minuten backen, bis die Ränder leicht gebräunt sind. Aus dem Ofen nehmen, 2 Minuten ruhen lassen, noch warm vom Blech heben und auf einem Kuchengitter abkühlen lassen.
- Alle Zutaten für das Sorbet zusammen mit 1 Liter Wasser in einen Topf geben. Auf kleiner Flamme rühren, bis der Zucker aufgelöst und die Schokolade geschmolzen ist. Die Masse abkühlen lassen und in der Eismaschine in 15 Minuten zu einem Sorbet rühren.
- Die Sauce auf 4 Teller verteilen und darauf je 5 Hippen und 4 Kugeln Sorbet anrichten.

L'Auberge de l'Atre

Les Lavaults, 89630 Quarré-les-Tombes, Tel. 86 32 20 79

Auf einer Waldlichtung in der Nähe von Quarré-les-Tombes liegt die Auberge de l'Atre, die von Francis und Odile Salamolard geführt wird. Die schlichte, aber anheimelnde Atmosphäre auf diesem Bauernhof im Morvan verlockt einen, dort zu übernachten. In der Küche werden heimische Produkte verwendet, und der Keller birgt Weine aus der Yonne (Chablis, Irancy, Epineuil und Coulanges). Zu sehr vernünftigen Preisen bietet er eine kleine, aber gute Auswahl an Gerichten an wie Jakobsmuscheln in Chablis und Ente in Senfsauce. Im Herbst während der Jagdsaison stehen Reh, Hase, Fasan und Rebhuhn auf der Speisekarte.

Sommelier Lyonel Leconte

Die burgundische Begeisterung für den Wein existiert auch im Morvan. Lyonel Leconte, der neunundzwanzigjährige Sommelier im La Côte d'Or wurde kürzlich zum besten Sommelier Frankreichs gekürt. Der enthusiastische junge Mann, der mit fünfundzwanzig Jahren Chef-Sommelier wurde, ist wie sein Patron Loiseau der Ansicht, dass die Aufgabe eines Kochs und eines Sommeliers darin besteht, die Gäste zu erfreuen. Die Weinliste des La Côte d'Or umfasst 588 verschiedene Weine, von den grossen Namen bis zu erschwinglicheren Flaschen. Darunter sind allein 122 weisse und 79 rote Burgunder. Man beschäftigt sich das ganze Jahr über mit der Weinauswahl und besucht zwei- bis dreimal in der Woche die einzelnen Weingüter. Leconte, Loiseau und der Oberkellner Hubert Couillaud probieren die Weine schon vom Fass, bevor sie in Flaschen abgefüllt sind. Lecontes Stärke ist es, den perfekt passenden Wein zu jedem Gericht zu finden. Mit seinen exzellenten Empfehlungen überrascht er sogar den Connaisseur.

Cuissot d'agneau aux lardons

Gespickte Lammkeule

Die Lammkeule wird hier wie eine Rehkeule mariniert und gespickt und deshalb nicht «gigot», sondern «cuissot» genannt.

FÜR 4 BIS 6 PORTIONEN
¾ l weisser Burgunder
1 EL Cognac
1 Zwiebel, gewürfelt
2 Karotten, in Scheiben geschnitten
1 Zweig frischer Thymian
2 Zweige glattblättrige Petersilie
1 Lorbeerblatt
1 Lammkeule von etwa 1,5 kg
100 g magerer Räucherspeck, in dünne
Streifen geschnitten
100 g Butter, gewürfelt
Salz, frisch gemahlener schwarzer Pfeffer

• Am Vorabend den Wein mit dem Cognac, dem Würzgemüse und den Kräutern in einer grossen Glas- oder Porzellanschüssel vermischen. Die Lammkeule hineinlegen und zugedeckt 24 Stunden kühl stellen, dabei mehrmals in der Marinade wenden.
• Die Keule aus der Marinade heben und Raumtemperatur annehmen lassen. Die Marinade durchsieben und bereithalten. Die Kräuter und das Würzgemüse in einen Bräter legen. Die Keule mit den Speckstreifen spicken, würzen und auf das Gemüse in den Bräter legen. Im auf 250°C vorgeheizten Ofen 65 Minuten braten, bis sie gebräunt, aber innen noch rosa ist. Aus dem Bräter nehmen und mit Aluminiumfolie abgedeckt 20 Minuten ruhen lassen.
• Den Bratensatz mit der Marinade ablöschen, aufkochen und 5 Minuten einkochen lassen. Die Butter in kleinen Stücken einschwenken. Die Sauce abschmecken und zum Fleisch reichen.

Charlotte au chocolat et aux noisettes

Schokoladencharlotte mit Haselnusskrokant

FÜR 6 PORTIONEN
55 g Butter
250 g gute Bitterschokolade
175 g Haselnusskrokant
6 Eier, getrennt
24 Löffelbiskuits
55 g Zucker
90 ml Kirschwasser

• Die Butter zusammen mit der Schokolade im Wasserbad schmelzen. Vom Wasserbad nehmen und den Haselnusskrokant sowie die Eigelb nacheinander einrühren. Die Masse auf Zimmertemperatur abkühlen lassen.
• Die Löffelbiskuits dicht an dicht auf eine Servierplatte legen. Den Zucker mit dem Kirschwasser und 100 ml Wasser verrühren und damit die Biskuits beträufeln. Eine 1,5 Liter fassende Charlotten- oder Kastenform mit den getränkten Biskuits auslegen.
• Das Eiweiss steif schlagen und unter die Schokoladenmasse heben. Diese in die ausgelegte Form giessen. Die Löffelbiskuits so beschneiden, dass sie nicht über die Schokoladenfüllung ragen. Die Form mit Frischhaltefolie abdecken und mindestens 6 Stunden kühl stellen.
• Die Form mit einer umgedrehten Servierplatte bedecken und die Charlotte stürzen. Dazu eine Vanillesauce oder Vanilleeis servieren.

Potage de pommes de terre aux cèpes
Kartoffelsuppe mit Steinpilzen

Falls keine frischen Steinpilze erhältlich sind, kann man sie durch Champignons ersetzen und für das Aroma eine Handvoll getrocknete Steinpilze zufügen. (Abbildung oben)

FÜR 4 PORTIONEN
50 g Zwiebeln, fein gewürfelt
2 Lauchstangen (nur das Weisse),
fein zerschnitten
1 EL Butter
¾ l Geflügel- oder Gemüsebrühe
150 g festkochende Kartoffeln, in dünne Scheiben geschnitten
200 g Steinpilze, in Scheiben geschnitten
1 EL Olivenöl
1 Prise geriebene Muskatnuss
1 EL Kerbel, fein geschnitten
1 EL frischer Majoran, fein geschnitten
2 EL Crème fraîche
Salz, frisch gemahlener schwarzer Pfeffer

• In einem grossen Topf die Zwiebeln und den Lauch in der Butter glasig dünsten. Die Brühe und die Kartoffeln zufügen, aufkochen und auf kleiner Flamme 20 Minuten kochen lassen.
• Unterdessen die Pilze 5 Minuten im Olivenöl anbraten. Herausheben und bereithalten.
• Wenn die Kartoffeln weich sind, die Suppe mit reichlich Salz, Pfeffer und Muskatnuss abschmecken. Die Pilze, die Kräuter und die Crème fraîche zufügen und die Suppe, ohne dass sie kocht, auf kleinster Flamme weitere 5 Minuten ziehen lassen. Sofort servieren.

Crapiaux du morvan
Crêpes aus dem Morvan

Von den Crapiaux sagt man, sie seien das männliche Gegenstück zur Crêpe, in anderen Worten, sie sind eine recht handfeste Sache. Man kann sie aus Buchweizenmehl oder aus Kartoffeln zubereiten.

FÜR 4 PORTIONEN

FÜR BUCHWEIZENCRÊPES
200 g Buchweizenmehl
1 Prise Salz
2 Eier, verquirlt
85 ml Crème fraîche
6 Scheiben magerer Frühstücksspeck, halbiert
1 TL Butter zum Ausbacken

• Den Grill auf höchster Stufe vorheizen. Das Mehl sieben und zusammen mit dem Salz in eine Schüssel geben. Eine Mulde in die Mitte drücken. Die Eier hineingeben und mit etwas Mehl verrühren. Anschliessend 85 ml Wasser und die Crème fraîche zufügen und alles mit dem Schneebesen zu einem glatten Teig verrühren. Mindestens 30 Minuten ruhen lassen.
• Unterdessen den Speck unter dem Grill knusprig braten.
• Eine kleine Pfanne mit Butter ausstreichen und auf grosser Flamme erhitzen. Eine Speckscheibe in die Pfanne legen und 2 Esslöffel Teig darübergiessen. Den Pfannkuchen von beiden Seiten goldbraun ausbacken. Fortfahren, bis der ganze Teig aufgebraucht ist. Die Pfanne, wenn nötig, mit etwas Butter nachfetten.

FÜR KARTOFFELCRÊPES
200 g mehligkochende Kartoffeln
50 g Quark
2 EL Mehl
1 Ei
Salz, frisch gemahlener schwarzer Pfeffer
1 EL Butter zum Ausbacken

• Die Kartoffeln in Salzwasser weich kochen, schälen, durch die Kartoffelpresse treiben und mit dem Quark sowie dem Mehl vermischen. Sobald die Masse abgekühlt ist, das Ei einarbeiten. Mit Salz und Pfeffer abschmecken.

• Die Butter in einer grossen Pfanne erhitzen. Die Kartoffelmasse esslöffelweise in die heisse Pfanne geben, flachdrücken und von beiden Seiten goldbraun ausbacken.

Chorlatte
Kürbisflan mit Pilzen im Spinatmantel

FÜR 4 PORTIONEN
150 ml Rahm
1 Prise geriebene Muskatnuss
6 Zweige Kerbel, fein zerschnitten
3 Eier
Salz, frisch gemahlener Pfeffer
350 g Kürbis, gekocht und püriert
15 grosse Spinatblätter
125 g kleine feste Champignons oder Steinpilze,
in dünne Scheiben geschnitten
30 g Butter

• Den Ofen auf 180°C vorheizen. Eine 1-Liter-Auflaufform fetten. Den Rahm mit Muskatnuss, Kerbel, den Eiern sowie Salz und Pfeffer verquirlen. Das Kürbispüree unterziehen.

• Die Spinatblätter einige Minuten vorsichtig einzeln in kochendes Salzwasser tauchen. Anschliessend trockentupfen und damit die vorbereitete Form auslegen.

• Die Pilze in der Butter anbraten, unter die Kürbismasse heben und in die ausgelegte Form giessen.

• Im vorgeheizten Ofen 45 Minuten garen, bis ein in der Mitte eingestochenes Messer glatt wieder herauskommt. Den Flan aus dem Ofen nehmen, einige Minuten in der Form ruhen lassen, danach stürzen und warm servieren.

Blettes aux lardons

Mangold mit Räucherspeckstreifen

FÜR 4 PORTIONEN
1 kg Mangold
1 kleines Bund Sauerampfer
etwas weiche Butter

FÜR DIE RAHMSAUCE
1 EL Butter
1 EL Mehl
¼ l Gemüsebrühe oder Wasser
100 ml Rahm
2 Eigelb, verquirlt
Salz, schwarzer Pfeffer, Muskatnuss
100 g durchwachsener Räucherspeck,
in Streifen geschnitten

• Für die Sauce die Butter zerlassen. Das Mehl darin hell anschwitzen. Die Gemüsebrühe zugiessen und unter Rühren zum Kochen bringen. Auf kleiner Flamme 20 Minuten kochen lassen. Anschliessend zwei Drittel des Rahms einquirlen, zum Kochen bringen und vom Feuer nehmen. Die beiden Eigelbe mit dem restlichen Rahm verquirlen und in die Sauce rühren. Mit Muskatnuss, Salz und Pfeffer abschmecken.
• Die Speckstreifen in einer trockenen Pfanne knusprig braten. Auf Küchenpapier entfetten.
• Den Ofen auf 180 °C vorheizen. Eine Gratinform mit etwas Butter ausstreichen. Die Mangoldstiele in Streifen schneiden und in kochendem Salzwasser 10 Minuten blanchieren, kalt abschrecken und abtropfen lassen. Die Mangoldblätter mit dem Sauerampfer ohne Wasserzugabe in einem Topf 1–2 Minuten zusammenfallen lassen. Danach unter die Sauce heben.
• Die blanchierten Mangoldstiele in die Form schichten. Mit der Hälfte der Speckstreifen bestreuen und mit der Hälfte der Sauce bedecken. Darüber die restlichen Speckstreifen geben und mit der restlichen Sauce überziehen. Im Ofen 30 Minuten hellbraun überbacken.

Châtaignes au lard

Maronen mit Speckwürfeln

FÜR 4 PORTIONEN
800 g Maronen (Esskastanien)
2 TL Sonnenblumenöl
225 g magerer Speck
50 g Schweineschmalz
1 Stengel Staudensellerie, in dünne Scheiben
geschnitten
1 Zweig frischer Thymian
½ TL Zucker
800 ml Geflügel- oder Gemüsebrühe
Salz, frisch gemahlener schwarzer Pfeffer

• Den Ofen auf 180 °C vorheizen. Die Maronen auf der flachen Seite kreuzweise einschneiden, in einen Bräter geben, mit dem Öl beträufeln und auf grosser Flamme etwa 10 Minuten rösten, bis sich die Schale leicht abziehen lässt.
• Den Speck blanchieren, abtropfen lassen und würfeln. Die Speckwürfel zusammen mit den geschälten Maronen in eine ofenfeste Form geben. Die restlichen Zutaten zufügen und würzen. Zugedeckt etwa 30 Minuten im Ofen garen, bis die Maronen weich sind. Zu Wild oder Schweinebraten servieren.

Carpe à la morvandelle

Gefüllter Karpfen

So bereitete man früher den Karpfen zu. Heute gart man ihn eher in Scheiben geschnitten mit Speckstreifen in Rotwein. Statt Karpfen kann man auch Barsch verwenden.

FÜR 4 BIS 6 PORTIONEN
½ Rezeptmenge Brandteig ohne Käse
(siehe Rezept Seite 30)
1 küchenfertiger Karpfen von etwa 1,3 kg

200 ml trockener Weisswein
100 ml Marc de Bourgogne oder Madeira
Salz, frisch gemahlener schwarzer Pfeffer
80 g Butter
30 g Weissbrotkrumen
1 kleines Bund glattblättrige Petersilie,
fein zerschnitten

• Den Ofen auf 180 °C vorheizen.
• Den Karpfen mit dem Brandteig füllen, etwa 3 Esslöffel Teig zurückbehalten. Den gefüllten Karpfen mit Küchengarn zunähen, in einen Bräter legen und mit dem Wein sowie dem Marc umgiessen. Mit Salz und Pfeffer würzen, mit Butterflöckchen belegen und mit den Weissbrotkrumen bestreuen. Im vorgeheizten Ofen 35 Minuten garen, bis sich das Fleisch mit der Gabel leicht zerpflücken lässt.
• Unmittelbar vor dem Anrichten vom zurückbehaltenen Teig mit einem Teelöffel Nocken abstechen und diese in kochendem Wasser 5 Minuten pochieren.
• Das Küchengarn entfernen und den Karpfen auf eine Servierplatte legen. In Portionen teilen, mit Petersilie bestreuen und zusammen mit den Teignocken servieren.

Sandre à l'oseille

Zander mit Sauerampfer
(Abbildung rechts)

FÜR 4 PORTIONEN
1,3 kg küchenfertiger Zander
575 ml weisser Burgunder

FÜR DIE FÜLLUNG
je 250 g Sauerampfer und zarter Spinat
1 EL Butter
3 Schalotten, fein gewürfelt
50 g frische Weissbrotkrumen
Salz, frisch gemahlener schwarzer Pfeffer

FÜR DIE SAUCE
1 Schalotte, fein gewürfelt
1 EL Butter
575 ml Crème fraîche
225 g Sauerampfer oder Spinat, fein gehackt

• Den Ofen auf 200°C vorheizen.

• Für die Füllung Sauerampfer und Spinat entstielen und waschen. Die Butter zerlassen und darin die Schalotten unter Rühren 3–4 Minuten glasig dünsten. Die abgespülten Blätter zufügen und 3–4 Minuten dünsten. Danach mit dem Löffelrücken die Flüssigkeit ausdrücken und abschütten. Die Brotkrumen einrühren. Die Masse mit Salz und Pfeffer abschmecken und damit den Fisch füllen.

• Den gefüllten Fisch in einen Bräter legen und mit dem Wein umgiessen. Mit einem Deckel oder mit Aluminiumfolie zudecken. Den Fisch im vorgeheizten Ofen etwa 30 Minuten garen, bis sich das Fleisch leicht zerpflücken lässt. Auf eine Servierplatte heben und warm halten. Den Weinsud zurückbehalten.

• Für die Sauce die Schalotten in der Butter 3–4 Minuten glasig dünsten. Den Weinsud zugiessen und die Crème fraîche einrühren. Zum Kochen bringen und etwa 20 Minuten sämig einkochen. Den gehackten Sauerampfer oder Spinat unterheben und wenige Minuten weich garen. Den Fisch mit der Sauce überziehen und sofort servieren.

Pigeonneaux du morvan aux cerises

Täubchen mit Sauerkirschen

FÜR 4 PORTIONEN
4 küchenfertige junge Tauben
Salz, frisch gemahlener schwarzer Pfeffer
8 Scheiben Frühstücksspeck
2 Karotten, fein gewürfelt
2 Zwiebeln, fein gewürfelt
2 Knoblauchzehen, zerdrückt
120 g Butter
1 EL Speiseöl
5 EL Weissweinessig
¼ l Geflügelbrühe
350 g Sauerkirschen, entsteint
1 EL Honig

• Den Ofen auf 230°C vorheizen.
• Die Tauben innen und aussen mit Salz und Pfeffer würzen. Mit dem Speck bardieren und binden. In einen Bräter auf das Würzgemüse setzen und mit 30 g zerlassener Butter und dem Öl bestreichen. Im vorgeheizten Ofen 30 Minuten braten, dabei einmal wenden.
• Die Täubchen aus dem Bräter nehmen und mit Aluminiumfolie abgedeckt ruhen lassen. Das Fett aus dem Bräter abgiessen. Den Bräter über mittlere Hitze auf den Herd setzen und den Bratensatz mit dem Essig ablöschen. Die Geflügelbrühe zugiessen und unter Rühren 5 Minuten auf kleiner Flamme kochen lassen. Die Sauce durch ein Sieb in einen kleinen Topf giessen. Die Kirschen und den Honig einrühren und 5 Minuten unter gelegentlichem Rühren auf kleiner Flamme kochen lassen.
• Die Täubchen auf eine Servierplatte geben und mit den Kirschen umlegen. Die restliche Butter in kleinen Stücken in die Sauce schwenken. Die Täubchen mit der Sauce überziehen und sofort servieren.

Poulet à la morvandelle

Huhn mit Schinken, Zwiebeln und Kartoffeln

Dieses köstliche Geflügelgericht lässt sich ganz einfach zubereiten.

FÜR 4 PORTIONEN
1 küchenfertiges Hühnchen von 1,3–1,5 kg
Salz, frisch gemahlener schwarzer Pfeffer
80 g Butter
20 Perlzwiebeln oder 5 mittelgrosse Zwiebeln
200 g roher Schinken (Morvan- oder Parma-),
grob gehackt
20 kleine festkochende Kartoffeln, geschält
1 Bund glattblättrige Petersilie, fein zerschnitten
½ Zitrone, Saft

• Den Ofen auf 150°C vorheizen.
• Das Hühnchen innen und aussen mit Salz und Pfeffer würzen. In einer Kasserolle in der Hälfte der Butter auf dem Herd anbräunen. Anschliessend in eine ofenfeste Form setzen und in den Ofen geben.
• Das Fett aus der Kasserolle abgiessen. Die restliche Butter zufügen und erhitzen. Darin die Zwiebeln und den Schinken andünsten und zugedeckt auf kleiner Flamme 10 Minuten schmoren.
• Den Ofen auf 200°C schalten. Das Hühnchen zurück in die Kasserolle geben und mit den Kartoffeln umlegen. Vorsichtig salzen, da der Schinken bereits salzig ist, und mit der Hälfte der feingeschnittenen Petersilie bestreuen.
• Zugedeckt weitere 75 Minuten im Ofen schmoren, bis das Hühnchen weich ist und klarer Fleischsaft austritt, wenn man mit einem spitzen Messer in die Keule sticht. Das Hühnchen in Portionsstücke teilen, in einer Servierschüssel anrichten und mit dem Bratensaft sowie mit dem Zitronensaft beträufeln. Mit der restlichen Petersilie bestreuen. Mit den Zwiebeln, den Kartoffeln und dem Schinken umlegen.

Potée bourguignonne

Burgunder Eintopf

Dies ist ein Festagsgericht ähnlich wie der Pot-au-Feu de Saint-Christophe (Seite 123).

FÜR 6 BIS 8 PORTIONEN
1,5 kg mild gepökeltes Schweinefleisch
(Rippchen, Schweinebauch und Schweinshaxe)
100 g getrocknete weisse Bohnen
1 kleiner Wirz (Wirsing), geviertelt
1 EL Weissweinessig
1 Zwiebel, gespickt mit 1 Gewürznelke
1 Stange Staudensellerie
2 Zweige frischer Thymian
1 Lorbeerblatt
4 Stengel Petersilie
200 g Karotten, geschält
2 kleine Rübchen, geschält
500 g kleine festkochende Kartoffeln, geschält
3 Lauchstangen, nur das Weisse
12 kleine Schweinswürstchen
Salz, frisch gemahlener schwarzer Pfeffer

• Am Vorabend die Bohnen in kaltem Wasser einweichen. Am nächsten Tag das Wasser abgiessen. Die Bohnen mit frischem Wasser bedecken und 10 Minuten sprudelnd kochen lassen. Anschliessend auf kleiner Flamme 1 Stunde garen.
• Das Fleisch in einer grossen Kasserolle mit Wasser bedecken, langsam zum Kochen bringen und abgiessen. Wieder mit Wasser bedecken und 10 Minuten kochen lassen.
• Den Wirz in mit Essig versetztem Wasser waschen. In Salzwasser zum Kochen bringen, abgiessen und kalt abschrecken.
• Die gespickte Zwiebel, den Sellerie und die Kräuter zum Fleisch in die Kasserolle legen. Im offenen Topf 40 Minuten auf kleiner Flamme sieden lassen, dabei mehrmals abschäumen. Danach die Karotten und die Bohnen zufügen und weitere 20 Minuten sieden.

• Den Kohl, die Rübchen und die Kartoffeln zufügen und 10 Minuten auf kleiner Flamme kochen lassen. Dann den Lauch und die Würstchen einlegen und weitere 10 Minuten garen. Mit Salz und Pfeffer abschmecken.

• Das Fleisch und die Würstchen auf einer Platte anrichten und mit Dijon-Senf und Essiggürkchen servieren. Dazu die Brühe und frisches Bauernbrot reichen.

Saupiquet des Amognes
Schinken in Wacholder-Weissweinsauce

Saupiquet bedeutet zugleich scharf und salzig. In diesem Gericht aus Amognes liefert der Essig die Schärfe. Geben Sie den Essig in kleinen Mengen nach und nach zu, bis die von Ihnen gewünschte Schärfe erreicht ist.
Saupiquet wurde traditionell mit Maronen serviert. Ihr süsslicher Geschmack bildet einen angenehmen Kontrast zur Sauce.

FÜR 4 PORTIONEN
8 nicht zu dünne Scheiben Morvan- oder
Parmaschinken
1 Glas kalte Milch
3 EL Butter
2 EL Mehl
200 ml trockener Weisswein
2 Schalotten, fein gewürfelt
100 ml Weissweinessig
5 Wacholderbeeren, zerdrückt
Salz, frisch gemahlener schwarzer Pfeffer
100 ml Rahm
1 kleines Bund Petersilie, fein geschnitten
3–4 Zweige frischer Estragon, fein geschnitten

• Die Schinkenscheiben in eine Schüssel legen, mit der kalten Milch bedecken und etwa 2 Stunden kühl stellen, damit dem Schinken Salz entzogen wird.

• In einem kleinen Topf 2 Esslöffel Butter zerlassen. Das Mehl einrühren und unter Rühren hell anschwitzen. Den Wein mit dem Rührbesen einrühren und den Topf vom Feuer nehmen.

• Die Schalotten zusammen mit dem Essig, den Wacholderbeeren, Salz und Pfeffer in einen Topf geben. Auf grosser Flamme den Essig auf die Hälfte einkochen.

• Die Schinkenscheiben aus der Milch nehmen und mit Küchenpapier trockentupfen. Den restlichen Esslöffel Butter in einer Pfanne erhitzen und darin die Schinkenscheiben von beiden Seiten 2 Minuten anbraten.

• Die Essigreduktion durch ein Sieb giessen. Die Wacholderbeeren sowie die Schalottenwürfel in die Weinsauce rühren und diese nach und nach mit der Essigreduktion abschmecken. Den Rahm mit der Sauce verrühren. Mit Salz und Pfeffer abschmecken.

• Die Schinkenscheiben auf vorgewärmte Teller oder eine Servierplatte legen, mit der Sauce überziehen und mit den Kräutern bestreuen.

Pâte aux poires
Gedeckter Birnenkuchen
(Abbildung rechts)

FÜR 6 PORTIONEN
1 kg Birnen, geschält, entkernt
und in Scheiben geschnitten
2 EL Zitronensaft
4 EL Birnengeist
3 EL gemahlene Mandeln
80 g Zucker
1 EL Mehl
1 Prise Salz und Pfeffer
1 Ei, verquirlt, zum Bestreichen
1 Eigelb
150 ml Rahm

FÜR DEN TEIG
300 g Mehl
1 Prise Salz
1 EL Zucker
1 Eigelb
150 g Butter in Flocken

• Am Vorabend die Birnenscheiben in eine Schüssel geben und mit dem Zitronensaft sowie dem Birnengeist beträufeln. Zugedeckt kühl stellen.

• Für den Teig das Mehl in eine Schüssel sieben und in die Mitte eine Vertiefung drücken. Das Salz, den Zucker, das Eigelb, die Butterflocken und 50 ml Wasser zufügen. Schnell mit den Fingern verkneten, dabei, wenn nötig, noch bis zu weiteren 50 ml Wasser zufügen. Der Teig muss nicht unbedingt glatt sein. Zur Kugel formen, in Frischhaltefolie wickeln und mindestens 2 Stunden in den Kühlschrank legen.

• Zwei Drittel des Teigs auf der leicht bemehlten Arbeitsfläche ausrollen und eine Form von 20 cm Durchmesser damit auslegen. Die Teigränder mit einem Messer geradeschneiden.

• Den Ofen auf 180 °C vorheizen.

• Die Birnenschnitze abtropfen lassen und in einer Schüssel in der Mischung aus Mandeln, Zucker, Mehl und etwas Salz und Pfeffer wenden. Dicht auf den Teigboden legen. Den restlichen Teig ausrollen und die Form damit bedecken. Die Teigränder mit verquirltem Ei bestreichen und fest aufeinanderpressen. Den Deckel mit verquirltem Ei bestreichen und nach Belieben mit Ornamenten aus den Teigabschnitten verzieren. In die Deckelmitte ein Loch schneiden und einen Zylinder aus Aluminiumfolie als Dampfabzug hineinstecken.

• Im vorgeheizten Ofen 45 Minuten backen, mit Aluminiumfolie abdecken, falls der Kuchen zu stark bräunt. Aus dem Ofen nehmen und in der Form auf ein Kuchengitter stellen.

• Das Eigelb mit dem Rahm verrühren und durch den Dampfabzug langsam in den noch heissen Kuchen giessen. Anschliessend aus der Form lösen und warm servieren.

Tarte à la semoule

Griesstorte

Vincenot, ein Schriftsteller aus Burgund, erinnert sich, dass seine Mutter stets Teig für solche Torten vorrätig hatte.

FÜR 6 PORTIONEN

FÜR DEN TEIG
125 g weiche Butter
75 g Zucker
1 Prise Salz
1 unbehandelte Zitrone, abgeriebene Schale
1 Ei, verquirlt
250 g Mehl

FÜR DIE GARNITUR (NACH BELIEBEN)
100 g Zucker
3 EL Rahm
32 Walnusskerne

FÜR DIE FÜLLUNG
½ l Milch
75 g Zucker
3 EL Butter
1 Prise Salz
½ Vanilleschote, längs aufgeschlitzt
75 g Griess
1 EL Zitronensaft
2 Eier, verquirlt

• Für den Teig Butter, Zucker, Salz und abgeriebene Zitronenschale in einer Schüssel cremig verrühren. Anschliessend das verquirlte Ei einrühren und das Mehl mit der Handfläche langsam einarbeiten. Den Teig zur Kugel formen, in Frischhaltefolie wickeln und mindestens 1 Stunde in den Kühlschrank legen.
• Für die Garnitur den Zucker in einen kleinen Topf schütten und mit etwas Wasser benetzen. Auf kleiner Flamme unter ständigem Rühren hell karamelisieren lassen. Den Topf vom Feuer nehmen und vorsichtig, da es spritzt, den Rahm tropfenweise einrühren. Die Masse muss dickflüssig bleiben. Die Walnusshälften nacheinander in die Masse tauchen und zum Trocknen auf ein Kuchengitter legen.
• Den Ofen auf 200 °C vorheizen.
• Den Teig ausrollen und eine Springform von 20 cm Durchmesser damit auslegen. Die Ränder glattschneiden. Mit Backtrennpapier oder Aluminiumfolie auslegen und diese mit getrockneten Bohnenkernen beschweren. Etwa 15 Minuten blind vorbacken.
• Inzwischen für die Füllung die Milch zum Kochen bringen. Zucker, Butter, Salz und Vanilleschote zufügen. Nochmals aufkochen und den Griess einrühren. Unter Rühren auf kleiner Flamme 2–3 Minuten kochen lassen. Dann vom Feuer nehmen und abkühlen lassen.
• Die Vanilleschote herausnehmen, ihr Mark auskratzen und in die Griessmasse rühren. Den Zitronensaft zufügen. Die Eier nacheinander in die Masse rühren und diese in die vorgebackene Form füllen. Weitere 25–30 Minuten backen, bis die Oberfläche schön gebräunt ist.
• Die Torte in der Form 10 Minuten auf einem Kuchengitter abkühlen lassen. Mit den Walnusshälften garnieren und noch warm oder lauwarm servieren.

Pain du bûcheron

Holzfällerbrot

Dieses Sauerteigbrot stammt aus der Zeit, als man Brot nicht jeden Tag frisch kaufen konnte. Es hält sich länger als anderes Brot.

FÜR 2 LAIBE
11 g Trockenhefe
600 g Roggenmehl
550 g Weizenvollkornmehl
je 2 EL Kürbis- und Sonnenblumenkerne
und Leinsamen
1 EL Salz

• Die Hälfte der Hefe in 5 Esslöffel lauwarmem Wasser in einer Schüssel auflösen und mit 55 g Roggenmehl vermischen. Mit Frischhaltefolie abdecken und an einem warmen Ort 24 Stunden gären lassen, bis dieser Vorteig säuerlich riecht.
• Weitere 115 g Roggenmehl und 175 ml lauwarmes Wasser unter den Sauerteig mischen und diesen an einem warmen Platz 4 Stunden gären lassen.
• Danach 250 g Roggenmehl und ein Viertel der restlichen Hefe mit dem Sauerteig vermischen. Etwas lauwarmes Wasser zugiessen, falls der Teig sehr trocken ist. Er muss jedoch recht fest bleiben. Mit einem feuchten Küchentuch bedecken und 1–2 Stunden ruhen lassen.
• Anschliessend das restliche Roggenmehl, 200 g Weizenvollkornmehl und 225 ml lauwarmes Wasser einarbeiten. Zugedeckt weitere 1–2 Stunden ruhen lassen.
• Zuletzt weitere 250 ml lauwarmes Wasser, die Kerne, das Salz und das restliche Vollkornmehl, vermischt mit der restlichen Hefe, zufügen. Den Teig mehrere Minuten kräftig durchkneten.
• Aus dem Teig zwei runde Brote formen und auf ein gefettetes Backblech setzen. An einem warmen Ort etwa 1 Stunde gehen lassen und dabei nicht mehr abdecken. Die Brote sollen jedoch nicht solange gehen, bis sich ihr Volumen verdoppelt hat, da sie sonst zusammenfallen. Den Ofen auf 220 °C vorheizen.
• Einen flachen Bräter mit Wasser füllen und auf die untere Leiste in den Backofen stellen. Die Brotlaibe mit etwas Wasser benetzen und in den Ofen schieben. Nach 30 Minuten das Wasser aus dem Ofen nehmen. Die Brote weitere 30 Minuten backen, bis sie hohl klingen, wenn man auf ihre Unterseite klopft. Auf einem Kuchengitter abkühlen lassen.

Oben: Ladenschild einer Konditorei in Dijon – Symbol der Verlockung des Süssen.
Darunter: Die Wasserspeier der gotischen Kirche Notre-Dame in Dijon ragen eindrücklich über die Strasse hinter dem Herzogspalast.
Oben rechts: Die bunten Dachziegel der gotischen Hospices de Beaune, die 1443 von Nicholas Rollin, dem Kanzler des Herzogs von Burgund, erbaut wurden. Durch Schenkung besitzen die Hospices heute 75 Hektar bestes Rebland.

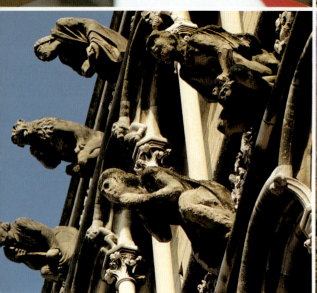

Unten: Die regelmässigen Reihen der Reben erstrecken sich bei Pommard südlich von Beaune bis zum Horizont. Die Rotweine, die hier produziert werden, gehören zu den besten Burgundern der Welt.
Rechts: Staubige Flaschen im Keller der Familie Gerbet in Vosne-Romanée. Zu den alten Häusern in Burgund gehört immer ein Weinkeller, der gewöhnlich einen gesonderten Eingang hat. Unter den Strassen der Stadt Beaune befindet sich ein wahres Labyrinth von Weinkellern.

Côte d'Or

Von der Hügelkette, die diesem Departement seinen Namen gibt – «Côte d'Or» bedeutet «goldener Hang» –, blickt man über die Saônesenke. Ihr Westabhang ist mit Reben bestanden, die sich über die sanften Hänge erstrecken und die Dörfer umgeben.

Die grösste Stadt der Gegend ist Dijon, die alte Residenzstadt der Herzöge von Burgund mit schönen mittelalterlichen Gebäuden. Es ist das historische und administrative Zentrum. Südlich davon liegen die berühmten Weinberge, nördlich die saftig grünen Hügel und Wälder des Châtillonais. Die weite Ebene um Dijon beliefert die Stadt mit Agrarprodukten. Die Stadt selbst ist berühmt für die Herstellung von Essig, Senf, Gebäck und Süsswaren. Man behauptet, dass von dort das beste *Pain d'épices* Frankreichs kommt.

Einer der lohnendsten Orte, um burgundische Erzeugnisse einzukaufen, ist der Markt in Dijon. In der Mitte des Marktplatzes stehen grosse Markthallen aus dem 19. Jahrhundert, die gerade restauriert werden. Sie beherbergen eine unüberschaubare Zahl von Marktständen, an denen Käse, Honig, Gebäck, Geflügel, Fisch und die verschiedensten Sorten Fleisch und Wurst verkauft werden. Rings um die Markthallen befinden sich Stände mit Blumen, Gemüse und Obst: saftstrotzende Kirschen, winzige Walderdbeeren, Aprikosen, Himbeeren und Johannisbeeren, weisser Spargel aus Ruffey und glänzend weisse Zwiebeln aus Auxonne. Elegant gekleidete Dijonnais versuchen einander die besten Produkte abzujagen, die man vor dem Kauf auch anfassen und an denen man riechen darf. Daneben bietet eine grosse Rôtisserie knspriggebratenes Fleisch an – Hähnchen, Kaninchen, Perlhühner, Enten und Puten.

In einer Nebenstrasse stehen Leute Schlange vor einer kleinen Bäckerei, La Gerbe d'Or. Ein älterer Herr erklärt einer hinter ihm stehenden alten Frau, dass er, obwohl er in einem anderen Stadtteil wohnt, immer hierher komme, um Brot zu kaufen, weil es das beste in der Stadt sei. Im Laden verkaufen junge Frauen die verschiedensten Brotsorten: Roggenbrote, Mischbrote, Vollkornbrote, Pain de Campagne, Ficelles, Baguettes und Brioches sowie Gougères, Conversations und Paris-Brest. Ein schweres dunkles Roggenbrot mit Rosinen, ähnlich dem, das es in der bekannten Pariser Bäckerei von Lionel Poilâne gibt, wird hier für teures Geld nach Gewicht verkauft. Ich erliege der Versuchung, stelle mich an und gehe dann, mit meinem Kauf im Arm, in die Käsehandlung Porcheret. In der Nähe ist auch das Geschäft von Raymond Fiquet, wo es die besten Kutteln und Würste auf dem ganzen Markt gibt. Seine Terrinen und Pâtés en croûte, seine Würste, seine luftgetrockneten und Räucherschinken sind stets frisch und köstlich und aus bester Rohware hergestellt.

Die Läden und Cafés am Markt sind ständig bevölkert. Um zwölf Uhr mittags ist kein Stuhl mehr frei in den Bistros wie dem Dôme, in denen einfache, aber köstliche Gerichte serviert werden. Am besten besucht man Dijon Anfang November während der Foire Gastronomique de Dijon, die im Jahre 1921 vom damaligen Bürgermeister Gaston-Gérard ins Leben gerufen wurde. Die besten Lebensmittel- und Weinproduzenten der Region bieten Kostproben an, und die Köche präsentieren ihre neuesten Kreationen und traditionelle Regionalgerichte.

Pain d'épices

Die Ursprünge des Pain d'épices reichen bis zu den alten Ägyptern zurück, die bereits eine Art Honigbrot kannten. Das chinesische Brot Mi-kong, das aus einem mit Honig vermischten Teig gebacken wurde, gelangte wahrscheinlich mit den Mongolen im 13. Jahrhundert in den Westen. Die Kreuzfahrer übernahmen es dann von den Arabern. Im 14. Jahrhundert war ein süsses Gebäck aus Mehl und Honig, das «Boichet» genannt wurde, eine Lieblingsspeise von Margarethe von Flandern. Heute wird der Lebkuchen in grossen rechteckigen Laiben gebacken, die wegen ihrer Form «Pavé de santé», das heisst «Pflasterstein der Gesundheit», genannt werden. Schon im 19. Jahrhundert war Dijon für seine Lebkuchen berühmt. Die amerikanische Journalistin M. F. K. Fisher schrieb in den zwanziger Jahren über Dijon, dass die ganze Stadt vom Honigduft durchzogen sei, der aus den Lebkuchenfabriken strömte. Heute ist nur noch ein grosser Lebkuchenbäcker übriggeblieben, Mulot et Petitjean, ein Familienbetrieb seit über hundert Jahren. Das Geschäft an der Place Bossuet mit seiner alten Wandvertäfelung ist ein Anziehungspunkt für Touristen (rechts oben). Das Pain d'épices von Mulot et Petitjean ist das bekannteste von ganz Burgund, aber sein Rezept ist bis heute ein Familiengeheimnis.

Weiter südlich an der Côte d'Or liegt Beaune, die Weinhauptstadt von Burgund und das Zentrum des Weinhandels der ganzen Region. Die kleine Stadt mit ihren aus honiggelbem Sandstein gebauten Häusern ist von Wällen umgeben. Ihr berühmtestes Gebäude ist das Hôtel Dieu, dessen Dach von einer einzigartigen Vielzahl von Türmchen und Giebeln gebildet wird, die mit rautenförmigen buntglasierten Ziegeln gedeckt sind. Die meisten Strassen in der Altstadt sind für den Autoverkehr gesperrt. Das erlaubt es den Cafés, Restaurants und Läden, sich bis auf die Strasse auszudehnen. Der Wein ist allgegenwärtig: Es gibt zahlreiche Weinhandlungen und Weinkeller, ein Weinmuseum und ein Weininformationsbüro. In den Antiquitäten- und Souvenirläden dreht sich alles um den Wein. Unter der Stadt erstreckt sich ein ganzes Netz von Weinkellern, von denen einige noch aus dem frühen Mittelalter stammen.

An drei Tagen im November wird hier das Weinfest Les Trois Glorieuses gefeiert. Am ersten Tag, einem Samstag, wird in den Clos Vougeot ausserhalb von Beaune zu einem Abendessen bei Kerzenschein geladen. Am Sonntag findet die jährliche Weinauktion der Hospices de Beaune in den Halles vor dem Hôtel Dieu statt. Die Gebote werden durch das Anzünden einer Kerze angezeigt. Wenn keine Kerze mehr angezündet wird, wird das Los zugeschlagen. Die Hospices besitzen 75 Hektar bestes Rebland an der Côte de Beaune. Das Fest endet mit einem Literatur-Mittagessen, das am Montag in Meursault stattfindet.

Auf den saftigen Weiden in der Ebene und auf den sanften Hügeln grasen Herden von Milchkühen und Fleischrindern. Zu Recht sind die Käse von Citeaux, die es bereits im Mittelalter gab, und von Epoisses berühmt. Dazu sollte man am besten einen kräftigen roten Burgunder, etwa einen Pommard, trinken.

Oben: Die Innenstadt von Beaune und Dijon ist grösstenteils für den Autoverkehr gesperrt, was das Vergnügen erhöht, durch die Strassen zu schlendern und in den Strassencafés zu sitzen.
Gegenüber unten: Beim Einkauf in einer der besten Einkaufsstrassen von Dijon, der Rue de la Liberté, daneben ein Marktstand. Unten links: Vor einer Weinhandlung in Beaune.
Unten: Die von Kreuzblumen gekrönten Türmchen der Hospices de Beaune.

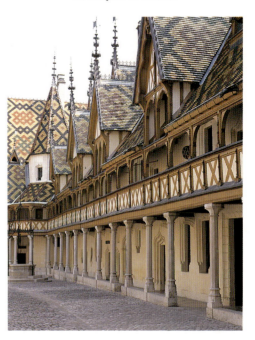

Nördlich von Dijon liegt das Plateau de Langres, das an die Champagne grenzt. Es ist berühmt für seinen gleichnamigen Käse und bekannt als Ursprungsort der *cocotte minute,* einem Schnellkochtopf, der 1953 in einer alten Metallwarenfabrik in Selongey entwickelt wurde.

Östlich davon liegt das Châtillonais. In seinen dunklen bergigen Wäldern, die die wildreichsten von ganz Frankreich sind, entspringt die Seine. Im südlichen Châtillonais, dem Duesmois, liegen die Städte Aignay-le-Duc, Jours-les Baigneux, Villaines-les-Duesmois und Frolois mit mächtigen Burgen der Herzöge von Burgund. Ihre einstige Bedeutung ist geschwunden, und sie liegen heute abseits vom Weg.

In diesen ländlichen Gebieten sind die meisten Bauernhöfe Selbstversorger: Die Kühe liefern die Milch für den täglichen Verbrauch und für die Käseherstellung. Gemüse und Obst wächst im Garten. Geflügel, Kaninchen und Schweine liefern das Fleisch. In vielen der kleinen Städte gibt es Märkte, auf die die Bauern aus der Umgebung ihre Produkte bringen. In Aignay-le-Duc wird vor der Peter-und-Paul-Kirche aus dem 13. Jahrhundert jeden Freitag ein kleiner Markt abgehalten. Bäuerinnen verkaufen hier köstlichen Käse, frischen Rahm, Eier, Geflügel, Obst und Gemüse. Am Stand der Madame Magerand findet man Frischkäse und Crème fraîche, Perlhühner und Hühner, Kaninchen, Terrinen und Pasteten. Daneben verkauft der Bienenzüchter des Ortes seinen Honig und Sträusse von Trockenblumen.

Hinter Villaines-en-Duesmois und den Hügeln im Westen liegt die Zisterzienserabtei Fontenay in einem kleinen Tal, durch das sich ein Flüsschen windet. Weisse Charolaisrinder und schwarzgefleckte Kühe grasen friedlich auf den Wiesen. Ein paar Mönche haben das Sumpfland trockengelegt und 1130 die Abtei erbaut. Heute ist Fontenay im Privatbesitz. Aber der Park, die alte Backstube, die Küche, der Kornspeicher, die Eisengiesserei aus dem 12. Jahrhundert und das elegante, aber zugige Dormitorium der Mönche können besichtigt werden.

Oben: Reben im Frühsommer in der Nähe von Corgolain zwischen Beaune und Nuits-Saint-Georges. Das Dörfchen ist die Grenze der Appellation Côte de Nuits.
Gegenüber oben: Sylvain Mansuy züchtet Schnecken unter kleinen Holzbrettern im Freien.
Gegenüber Mitte: Janine Verdiers Schneckenhandlung in Dijon ist sehenswert. Sie verkauft frische Schnecken und Dosenware und gibt Ratschläge für ihre Zubereitung.

Rechts: Fontenay ist vielleicht die schönste der noch erhaltenen Zisterzienserabteien. Die Abtei steht als Kulturerbe unter dem Schutz der UNESCO. Die Klosterkirche (Mitte) zeichnet sich durch die würdevolle Strenge ihrer Architektur aus.
Rechts daneben: Ein Dörfchen im Duesmois umgeben von Getreidefeldern.

Schnecken

Früher hatten die meisten Abteien Schneckengärten. Darin wurden die kleinen Weinbergschnecken *(Helix pomatia)*, eine wildlebende Art, die man nicht züchten kann, mit Salat und würzigen Kräuter für den Verzehr gemästet. Das Absammeln der Schnecken von den Reben im späten Frühling gehörte bis vor gar nicht langer Zeit zum ländlichen Jahresablauf. Damit wurden nicht nur die Reben vor der Fresslust der Schnecken geschützt, sondern man gewann daneben auch eine begierig erwartete Delikatesse. Diese Tradition und auch die Schnecken sind durch die Anwendung von Pestiziden verschwunden.

Die Schnecken, die in den meisten Restaurants serviert werden, sind eine nordafrikanische Art *(Helix aspersa)*. Sie sind grösser als die Weinbergschnecken und relativ leicht zu züchten. Einer der das tut, ist Sylvain Mansuy. Er war Elektriker, bevor er sich mit der Helikultur befasste. Er ist einer von nur dreissig Personen, die in Frankreich Schnecken züchten. Sein Schneckengarten hat etwa die Grösse von zwei Tennisplätzen. Er ist von niedrigen Mauern umgeben und mit feinen Plastiknetzen vor Vögeln geschützt. Innerhalb der Mauern befinden sich in langen Reihen Hunderte von V-förmig gegeneinander gelehnten Holzschindeln. Darunter befinden sich Grasstreifen und feinstrahlige Bewässerungsschläuche. Als Sylvain eine der Holzschindeln aufnahm, begriff ich die seltsame Konstruktion: Auf der Unterseite des Holzes schmiegten sich Hunderte von kleinen Schnecken aneinander. Sie werden im Haus aufgezogen und erst nachdem sie ein weiches Schneckenhaus entwickelt haben, nach draussen gesetzt. Im Schneckengarten werden sie mit Sojamehl gemästet, bis sie sechs Monate alt sind. Dann nimmt man sie wieder ins Haus und lässt sie etwa einen Monat fasten. In dieser Zeit säubern sie sich und halten eine Art Winterschlaf.

Danach werden die Schnecken geputzt und in einer Gemüsebrühe mit Weisswein, Karotten, Rübchen, Lauch, Zwiebeln, Thymian und Lorbeerblatt gesotten. Sylvain Mansuy konserviert sie dann in Gläsern, da sich nach seiner Meinung der Metallgeschmack der Dosen auf die Schnecken überträgt. Im Winter macht er die klassischen Escargots à la bourguignonne, Schnecken in Petersilien-Knoblauchbutter. Im allgemeinen sind die Rezepte für Schneckenbutter ein streng gehütetes Geheimnis, doch Sylvain verriet, dass sein Rezept aus einer Mischung von Butter, Petersilie, Knoblauch, Schalotten, Anis, Salz, Pfeffer, Senf und Rahm besteht. Er stellt auch als Vorspeise ein Schneckenragout in Blätterteig her.

Madame Janine Verdier ist die Inhaberin eines Spezialitätengeschäftes für Schnecken. Ihr Laden befindet sich am Marktplatz von Dijon gleich neben der Käsehandlung Porcheret. Als sie drei Jahre alt war, kaufte ihre Mutter 1937 den Laden. Seit dieser Zeit werden dort Konfitüren und Schnecken verkauft. Man bekommt Schneckenkonserven in allen Grössen. Aber auch frische Schnecken «à la bourguignonne» werden das ganze Jahr über verkauft – bis auf die heissen Sommermonate, wenn es schwierig ist, die Schnecken frisch zu halten.

Schnecken aus der Dose müssen in einer Gemüsebrühe mit Weisswein vorgegart werden, bevor man sie mit Schneckenbutter füllt. «A la bourguignonne» zubereitete Schnecken sollen am besten sehr schnell in einem sehr heissen Ofen gegart werden, bis die Butter schäumt. Zu langes Garen lässt sie zäh werden. Madame Kuzma, die eine *ferme auberge* in Frolois leitet, wird oft gebeten, ein «Schnecken-Festessen» zuzubereiten. Es besteht aus sechs Gängen mit verschiede-

nen Schneckengerichten. Madame Kuzma serviert sie in Blätterteig (siehe Seite 83), während Jean-Pierre Silva in seinem Restaurant in Bouilland (siehe Seite 80) Schnecken auf einem Brennesselbett zubereitet, ein Rezept, das der burgundische Heimatschriftsteller Henri Vincenot noch aus seiner Jugend kennt und in einem seiner Bücher beschreibt.

Senf

Am Rande von Beaune steht eine kleine Fabrik, die 1840 von der Familie Fallot als Ölpresse und Senfmanufaktur erbaut wurde. Bis heute stellt man dort traditionellen Senf, aromatisierten Essig, Essiggurken und -zwiebeln her. Marc Desarmeniens, der tüchtige Enkel des Monsieur Fallot, hat die Geschäftsführung von seinem Vater übernommen, der jedoch von seinem Schreibtisch nebenan noch immer ein wachsames Auge auf die Vorgänge in der Firma hält.

Die alten Maschinen der Firma sind zum Teil noch erhalten. Die schönen grossen Siebe und Mühlsteine aus dem vergangenen Jahrhundert, die wieder instand gesetzt werden sollen, sind für die Einrichtung eines kleinen Senfmuseums bestimmt. In der Innenstadt von Dijon ist im Laden der Firma Maille eine umfangreiche Sammlung von alten Senftöpfen aus Porzellan, Holz, Glas, Metall und italienischer Fayence zu besichtigen.

Die Römer sollen die ersten Senfkörner nach Burgund gebracht haben. Aber erst aus Quellen des 13. Jahrhunderts erfährt man, dass Senf daraus hergestellt wurde. Die Herzöge von Burgund führten ihre eigenen Senffässer in ihrem Tross mit und verschickten solche auch als Geschenk. In Burgund baut man Senf nur noch in geringem Umfang an, so dass die Fallot-Fabrik ihre Senfkörner aus Kanada importieren muss.

Die französische Sprache kennt viele Ausdrücke, in denen das Wort «moutarde» vorkommt, so etwa: «La moutarde me monte au nez» im Sinne von «ich sehe rot», wörtlich übersetzt, «der Senf steigt mir in die Nase». Genau das war der Fall, als ich die Senffabrik Fallot betrat. Der scharfe Geruch des Senföls machte mich niesen und trieb mir die Tränen in die Augen.

Für die Zubereitung von Senf wurden die Senfkörner früher im Mörser zerstossen. Heute werden sie von Maschinen zerquetscht. Bei den dabei entstehenden hohen Reibungstemperaturen verflüchtigt sich das ätherische Senföl. In der Fallot-Fabrik sucht man das zu verhindern, indem man die Senfkörner langsam zwischen Mahlsteinen zermahlt. Der Senf wird unter Zugabe von Wasser, Essig, Salz, Gewürzen, Kurkuma und Antioxidantien aus schwarzem *(Brassica nigra)* und gelbem Senf *(Brassica juncea)* hergestellt. Der Essig ersetzt den Verjus (den sauren Saft unreifer Trauben), da dieser heute nicht mehr in ausreichender Menge produziert wird.

Beim traditionellen Senf werden die Senfkörner nach dem Mahlen nicht gesiebt, die daraus resultierende Paste ist grobkörnig. Dagegen hat der aus gesiebtem Senfmehl hergestellte Dijon-Senf eine feine Konsistenz und intensiv gelbe Farbe. Er wird auch mit grünen Pfefferkörnern, Weisswein, Estragon oder schwarzen Johannisbeeren hergestellt. Da Dijon-Senf keine *Appellation d'Origine contrôlée* ist, kann er von überall und nicht nur aus Dijon kommen. Man sollte deshalb auch das Kleingedruckte auf dem Etikett lesen.

Senf verliert sein Aroma beim Erhitzen. Deshalb sollte man ihn erst am Ende des Kochvorgangs zufügen oder bei Ragouts wie dem Lapin à la dijonnaise (Rezept Seite 88) nachwürzen.

Anis de Flavigny

Die wohltuende Wirkung von Anis kannten schon die Römer; Julius Caesar liess seine an der Ruhr erkrankten Soldaten bei der Belagerung von Alesia mit Anis behandeln. Anis ist auch das Hauptgewürz des Pain d'Épices. In Gebäuden der Abtei von Flavigny werden die gleichnamigen Anispastillen hergestellt; die Fabrik ist seit 1923 im Besitz der Familie Troubat. Die Anispastillen sollen von den Nonnen erfunden worden sein, die um 1600 in Flavigny lebten. Monsieur Troubat ist jedoch der Ansicht, dass das Rezept von einer noch älteren Mönchsgemeinschaft stammt. Die Pastillen bestehen aus Aniskörnchen, die mit mehreren Schichten Zucker überzogen werden. Die maschinelle Herstellung nimmt einen Monat und fünfzig Stunden in Anspruch, die manuelle Herstellung würde sechs Monate dauern.

Die besten schwarzen und roten Johannisbeeren
Burgunds wachsen in den Hautes-Côtes.
Unten: Die Ruhe in dem friedlichen Dorf
Concoeur-et-Corboin in den Hautes-Côtes de Nuits
ist nach dem Lärm der verkehrsreichen Route
du Vin zwischen Beaune und Dijon sehr willkommen.
Die kleinen Dörfer dieser Gegend sind für ihr Obst
bekannt. Man beginnt jedoch auch dort wieder
mit dem Weinbau. Die Geschichte der Gegend kann
man im Stadtmuseum von Reulle-Vergy verfolgen.
Dort findet auch Anfang Juli ein Fest der schwarzen
Johannisbeeren statt.

Schwarze Johannisbeeren

Ein für Burgund typisches Getränk ist Kir, eine Mischung aus Weisswein (gewöhnlich Aligoté) und Crème de Cassis. Die Mönche von Cîteaux brachten die schwarzen Johannisbeeren nach Burgund. Sie pflanzten sie wegen der heilkräftigen Blätter an, die sie als Arznei verwendeten. Heute weiss man, dass die Beeren reich an Vitamin C sind; ihr Saft wird in den Hautes-Côtes in den kalten Wintermonaten als heisses Getränk getrunken. Als im 19. Jahrhundert die Reben durch die Reblaus vernichtet wurden, verlegten sich die Winzer auf den Anbau von schwarzen Johannisbeeren. Die Beeren wurden zu Crème, Liqueur und Sirop de Cassis verarbeitet. Die besten Früchte wachsen in den Hautes-Côtes, wo es einen wasserdurchlässigen Kalkboden gibt. Überwiegend wird dort die süsse und aromatische Sorte Gros Noir de Bourgogne angebaut. In den letzten Jahren wurde der Markt von billigen Johannisbeeren aus Osteuropa überschwemmt, die von minderer Qualität sind. In einigen Fällen verarbeiten daher die Landwirte ihre Beeren gleich selbst zu Crème de Cassis. Einer von ihnen ist Christian Olivier.

Die Familie von Christian und Chantale Olivier lebt seit fünf Generationen in Concoeur-et-Corboin, einem kleinen Dorf oberhalb Nuits-Saint-Georges in den Hautes-Côtes. Sie waren immer Weinbauern, bis die Reblaus die Weinberge verwüstete. Heute bauen die Olivier schwarze Johannisbeeren, Himbeeren und Erdbeeren an und produzieren ihren eigenen Crème de Cassis, Crème de Framboises und Crème de Fraises. Sie haben auch schon wieder begonnen, Wein anzupflanzen.

Madame Olivier ist Mitglied der Gruppe Ecrivains Paysans, der 120 Schriftsteller und Schriftstellerinnen aus dem ländlichen Frankreich angehören. Einige ihrer Gedichte und Kurzgeschichten wurden bereits veröffentlicht. Darin setzt sie sich vehement für das Leben auf dem Lande ein. Sie sehnt sich zurück nach den alten bäuerlichen Gepflogenheiten und nach der selbstgenügsamen Unabhängigkeit, die man einst auf den Höfen genoss. Sie kennt viele alte Regionalrezepte, nach denen sie für ihre Gäste in ihrer *ferme auberge* kocht. Sie sagte zu mir in der ihr eigenen poetischen Art, dass die Beerensträucher und die Rebstöcke Teil des kollektiven Unterbewusstseins der Bauern in den Hautes-Côtes geworden seien.

Charcuterie

Daniel Borgeot ist Fleischer, Charcutier, Traiteur und Mitglied der Confrérie de Saint-Antoine. Seit seinem vierzehnten Lebensjahr arbeitet er im Fleischerhandwerk, und seit sechsundzwanzig Jahren hat er sein eigenes Geschäft in Santenay. Sein Bruder ist ebenfalls Charcutier mit einem Laden in Seurre. Über das Telefon tauschen sie gegenseitig Tips und Rezepte aus.

Die Spezialitäten von Daniel Borgeot sind Jambon persillé (Rezept Seite 89), für den er 1993 eine Goldmedaille bekam, Jambon persillé à l'ancienne und ein besonderer Schinken, der in Weintrester mariniert wird. Er macht auch gekochte, essfertige Andouilles und Andouillettes, die noch gegart werden müssen. Als ich bei ihm war, zeigte er mir die Eimer, in denen die in Streifen geschnittenen Schweinekaldaunen für die Andouilles gewässert werden.

Für seine Schinken kauft Borgeot ganze Schweine und wählt dann die besten Hinterviertel aus. Das Fleisch muss zwei Tage abhängen. Danach wird es eine Woche lang jeden Tag mit Salz

Crème de Cassis

Sowohl für Crème wie auch für Liqueur de Cassis werden schwarze Johannisbeeren in Alkohol mazeriert. Der Unterschied besteht darin, dass Crème de Cassis vierhundert Gramm und der Liqueur nur hundert Gramm Zucker enthält. Die bäuerlichen Produzenten verwenden gewöhnlich mehr Zucker pro Liter und Beeren von besserer Qualität als die Industrie. Der beste Cassis ist der mit dem höchsten Alkohol-, Zucker- und Fruchtgehalt. Als Crème de Cassis de Dijon darf er nur bezeichnet werden, wenn er in Dijon hergestellt wurde, auch wenn die Beeren von anderswoher stammen. Die Likörfabrik Lejay Lagoutte in Dijon produziert seit Mitte des 18. Jahrhunderts Cassis. Früher wurde Cassis meist von Frauen getrunken, während die Männer Marc oder Fine bevorzugten. In dem kleinen Dorf Arcenant macht Jean-Baptiste Joannet und sein Sohn Giles Liköre aus Himbeeren, schwarzen Johannisbeeren, roten Johannisbeeren, Brombeeren und Erdbeeren. Ausserdem stellt Giles einen seit alters her beliebten Schlehenlikör her, den Liqueur de Prunelle. Die Früchte werden in grossen mit Alkohol gefüllten Bottichen vier bis sechs Wochen mazeriert, bevor der Likör abgefüllt wird. Giles macht alles noch von Hand – selbst das Versiegeln der Flaschen mit Wachs.

Unten: Ein «moderner» Jambon persillé im Laden von Daniel Borgeot in Santenay. Für diesen Schinken bekam er eine Goldmedaille. Er macht auch eine traditionelle Version, bei der das Fleisch fein gehackt ist und und in kleine Glasschalen abgefüllt wird.
Ganz unten: Würste hängen zum Trocknen im Keller von Borgeots Metzgerei. Unten rechts: Luftgetrockneter Schinken kann auch in Weintrester eingelegt gekauft werden.

und Gewürzen wie Thymian, Lorbeerblatt, Senf und Wacholderbeeren sowie mit Pökelsalz eingerieben. Dann werden die Schinken im Kühlraum einen Monat lang mit kaltem Wasser abgebürstet und anschliessend im *séchoir,* der Trockenkammer, sechs bis acht Monate getrocknet. Borgeot macht im Jahr etwa zweihundertfünfzig Schinken und hat immer mindestens hundertfünfzig vorrätig; alle sind mit Nummern versehen, welche das Herstellungsdatum angeben. Wenn seine Kunden auf dem Heimweg aus dem Süden bei ihm vorbeikommen, kaufen sie oft ganze Schinken.

Borgeot fand ein altes Rezept für in Weintrester marinierten luftgetrockneten Schinken, nach dem er einige Schinken herstellt. Zuerst mariniert er das Fleisch in Trester von Wein aus Santenay. Dann wird der Schinken getrocknet und nach acht Monaten wird der Knochen ausgelöst. Anschliessend wird der Schinken in einer grossen Metallform gepresst. Im Kühlschrank hält er sich dann bis zu einem Jahr. Er rät, von einem angeschnittenen Schinken nie die Fettschicht abzuschneiden, da diese den Schinken saftig hält.

In seiner blitzsauberen Wurstküche über seinem Geschäft entwickelt Borgeot neue Produkte wie Galets du mont de sène (handgerollte Salami mit Nüssen, Weinbeeren oder Pfefferkörnern), aber auch traditionelle Würste wie lufttrockene Saucissons, Judru und Rosette, die einen Monat trocknen müssen.

Er nennt das *séchoir* seine Nebenfrau, weil er dort soviel Zeit damit verbringt, die korrekte Trocknung der Würste und Schinken, die Einhaltung einer konstanten Temperatur von dreizehn bis vierzehn Grad Celsius und einer niedrigen Luftfeuchtigkeit zu überprüfen.

Daniel Borgeot ist stolz auf seine Arbeit, mit der er Erfolg hat. Er sagt aber, dass in Burgund viele Charcutiers ihre Läden schliessen müssen, da sie mit den modernen Methoden der industriellen Massenproduktion nicht mehr mithalten können. Ausserdem ist ihnen gesetzlich verboten, ihr Fleisch an Restaurants und in andere Teile Frankreichs zu verkaufen. Wenn das nicht so wäre, könnten viele traditionelle Charcuterien überleben.

Gegenüber links: Verschiedene Burgunder Käse in der bekannten Käsehandlung Porcheret in Dijon, von denen die meisten in Porcherets eigenen Kellern gereift sind: in der Mitte ein Citeaux-Käse, von winzigen frischen und gereiften Ziegenkäsen (Boutons de culottes) umgeben. Im Uhrzeigersinn von oben Mitte: ein hoher zylindrischer Charollais, ein Soumaintrain, ein Langres, zwei Ziegenkäse, drei Mâconnais und oben links ein Epoisses.
Gegenüber Mitte: Porcheret verkauft auch einen selbsthergestellten Frischkäse, der mit Kräutern und rosa Pfefferkörnern bestreut ist.

Käse von der Côte d'Or

In Burgund gibt es fast ebenso viele Käsesorten wie es Dörfer und Bauernhöfe gibt. Viele davon haben noch nicht einmal einen Namen. Andere wiederum tragen den Namen ihres Dorfes und sind in ganz Frankreich bekannt. Natürlich werden in Burgund auch Käsesorten anderer Regionen Frankreichs wie Chaource, Brie, Comté und die kleinen Crottins aus Ziegenmilch hergestellt. Sie sind aber nicht typisch. Die besonderen Käsesorten der Gegend sind der Epoisses, der im 19. Jahrhundert von dem berühmten Gastrosophen Brillat-Savarin, als «der König der Käse» bezeichnet wurde, und der Citeaux, der in der gleichnamigen Abtei von Zisterziensermönchen hergestellt wird. Der Epoisses ist ein Weichkäse aus Kuhmilch, der mit Marc bestrichen wird. Er ist der einzige burgundische Käse, dem eine *Appellation d'origine controlée* (A.O.C.) verliehen wurde. Er hat eine orangefarbene Rinde und ähnelt einem sehr cremigen milden Reblochon. Es gibt ihn nur im Klosterladen und in Spezialgeschäften wie bei Porcheret in Dijon zu kaufen, da er nur in geringen Mengen hergestellt wird.

Wie die Metzgerläden haben es auch nur wenige Käsehandlungen geschafft zu überleben. Eine davon ist die Käsehandlung von Simone Porcheret in Dijon. Sie hat das Geschäft 1964 eröffnet und ist eine der wenigen Frauen, die den Grad eines Maître Fromager der Käse-Bruderschaft von Saint-Uguzon erhielten. Heute gehört das Geschäft der Familie Gaugry. Die Familie produziert auch Käse in Gevrey-Chambertin, wo sie La Laiterie de la Côte betreibt. François Gaugry, der Sohn, brach in Argentinien eine erfolgreiche Karriere als Ingenieur ab, um das Geschäft zu übernehmen. Traditionsgemäss verkauft er an erster Stelle Bauernkäse, der in den eigenen Kellern gereift wird. Einige Sorten wie der Meule de Beaufort brauchen dafür sechs bis acht Monate. Bei Porcheret sind im Laufe des Jahres etwa zweihundertfünfzig verschiedene Ziegenkäse sowie alle zweiunddreissig A.O.C.-Käse erhältlich.

Gaugry bemüht sich, die Leute auf die Feinheiten und die Geschmacksvielfalt der Käse hinzuweisen, die bei der Massenproduktion verlorengehen. Bei Veranstaltungen des Conseil National des Arts Culinaires gibt er Schulkindern Unterricht in Geschmacksbildung und zeigt ihnen auch, wie man Frischkäse macht. In seinem Laden verkauft er auch eine bereits zusammengestellte Käseauswahl, mit der man eine ganze Mahlzeit bestreiten kann.

Epoisses von der Ferme du Colombier

Epoisses ist einer der besten Käse des Burgunds. Er wird in der Gegend von Auxois nach einem alten Rezept der Zisterziensermönche, das über Generationen von der Mutter auf die Tochter weitergegeben wurde, hergestellt. In Pris-les-Arnay hält der Bauer Hervé Pinczon du Sel fünfzig Monbéliarde-Kühe, die die Milch für den Epoisses geben, den seine Frau Odile macht (Abbildung oben).

Die kleinen runden Käse werden zuerst in Formen gepresst, in denen man sie abtropfen lässt, danach gesalzen und getrocknet. Im frühen Stadium des Reifeprozesses werden sie zweimal pro Woche mit Wasser gewaschen, danach mit einer Mischung aus Wasser und Marc und schliesslich nur noch mit Marc. Die Herstellung ist langwierig und erfordert viel Feingefühl. Doch Madame Pinczon du Sel versichert, dass sie mit sich und der Welt zufrieden ist, wenn sie in ihrer Milchkammer arbeitet und dabei Mozart hört. Epoisses de bourgogne ist nicht vergleichbar mit dem industriell hergestellten Käse gleichen Namens, der ein fader Rahmkäse ist. Um die Bezeichnung Epoisses wird zur Zeit vor Gericht gestritten.

*Oben: Das Schloss von Aloxe-Corton aus dem
19. Jahrhundert. Die Rot- und Weissweine von
Corton wurden von berühmten Männern wie Voltaire,
Maupassant und John F. Kennedy bevorzugt.
Gegenüber oben: Weinlese im Clos des Perrières in der
Nähe von Pommard.
Gegenüber unten von links nach rechts:
Die ersten grünen Knospen der Pinot-noir-Trauben.
Bei der Lese übersehene Trauben, die sich früher die
Leute aus dem Dorf geholt hätten, um daraus ihren
Wein zu machen. Gamay-Trauben.*

Die Weinroute

Wenn man von Dijon südwärts auf der Route des Vins nach Beaune fährt, merkt man, wie das Land und die kleinen Dörfer immer stärker vom Weinbau geprägt werden. Schnurgerade Reihen von Rebstöcken säumen die Landstrasse, perfekt gepflegt wie japanische Gärten. Rechts der Strasse am Horizont, wo die Rebhänge der Côte ansteigen, sieht man den *Clos* Vougeot, eines der besten Weingüter, das der Abtei von Citeaux gehört, und das Schloss von Aloxe-Corton mit den im Zickzackmuster angeordneten leuchtend gelben, roten und schwarzen Dachziegeln.

Am Eingang zu vielen Dörfern stehen alte Weinpressen auf einem Sockel, um auf die Bedeutung der Trauben für das Dorf hinzuweisen. Man sieht, wie in der Junihitze Männer und Frauen bedächtig in den Reihen der Reben arbeiten. Die Arbeit in den Reben wird manchmal durch hohe Traktoren erleichtert, bei denen man vom Führerhaus über die Reben reichen kann. Aber auf vielen kleineren Weingütern bearbeitet man die Reben lieber von Hand, da die Traktoren die Rebstöcke beschädigen können.

Die Klassifikation der Weinberge wurde bereits im 18. Jahrhundert vorgenommen und eine Liste mit den besten Weindörfern und *Clos* erstellt. Eine Untersuchung aus den sechziger Jahren des 18. Jahrhunderts bildete die Grundlage für das Gesetz von 1935, welches die Bedingungen für die A.O.C. (siehe Seite 25) festschrieb, um die Verbraucher vor Betrug zu schützen.

Was ist das Besondere an den Weinen des Burgunds? Drei Faktoren sind zu nennen: Traubensorte *(cépage)*, Boden *(terroir)* und Makro- sowie Mikroklima *(climat)*. Die Trauben sind auf den Wurzelstock einer amerikanischen Rebsorte aufgepfropft, die vital und resistent gegen die Reblaus ist. Die vier Rebsorten, die hauptsächlich in Burgund angebaut werden, sind Pinot, Gamay, Chardonnay und Aligoté. Der Pinot ergibt die grossen Rotweine. Der Saft dieser Traube ist farblos. Der Wein bekommt seinen kräftigen Rotton von den Traubenschalen, die ihn während der Fermentation färben. Die blaue Gamay-Traube, die ebenfalls einen weissen Saft hat, ergibt die edlen Rotweine des Beaujolais und des Mâconnais. Aus der Chardonnay-Traube werden die grossen Weissweine von der Côte d'Or, dem Mâconnais und Chablis gekeltert. Die Aligoté-Traube, eine alte Burgunder Sorte, ergibt herbe, aber erfrischende Weissweine wie jene aus Bouzeron, die jung oder als Kir getrunken werden.

Reben lieben steinige Böden, die wasserdurchlässig sind und sich schnell erwärmen. In der Côte d'Or besteht der Boden aus einer Mischung von mergelhaltigem Ton und Kalkgestein mit örtlichen Varianten. Diese machen die Qualität und die Besonderheit der einzelnen Weine aus und sind von *Clos* zu *Clos* verschieden. Jedes Jahr werden in Burgund etwa zwanzigtausend verschiedene Weine produziert. Auf den oberen Hängen der Côte wachsen die *Grands crus* und die *Premiers crus*, um die Dörfer herum auf den niedrigen Hängen wachsen die *Appellations communales* und weiter in der Ebene die *Appellations régionales*.

Die Reben benötigen Licht und Wärme. Im Klima Burgunds mit seinen Extremen an Hitze und Kälte ist es wichtig, nach welcher Himmelsrichtung die Hänge ausgerichtet sind, damit die Reben Sonne tanken können und vor Wind und Frost geschützt sind. Letztlich hängt es aber vom Können der Winzer ab, die alle Faktoren bei der Pflege der Reben und beim Keltern des Weines berücksichtigen müssen, damit jeder Jahrgang ein besonderer wird.

Bevor ein Wein zum Verkauf kommt, muss er einer Verkostung und einer chemischen Analyse im Labor der INAO (siehe Seite 25) unterzogen werden. Dem Resultat sieht der Winzer angstvoll entgegen, denn dabei stellt sich heraus, ob der Wein seine *Appellation* behält oder verliert.

Trotz seines Rufs, grosse Rotweine hervorzubringen, verkauft das Burgund heute mehr Weisswein als Rotwein, sieht man vom Beaujolais ab, der eine Kategorie für sich ist. Heute besteht eine Tendenz zu leichterem Essen und leichteren Weinen. Das vielfältige Nahrungsangebot während des ganzen Jahres bedeutet, dass auch eine Nachfrage nach einer Vielzahl verschiedener, dazu passender Weine besteht. Wie so manches andere sind auch die französischen Weine der Mode unterworfen. Die Burgunder Weine sind jedoch etwas Besonderes: es sind grosse Weine, die lange lagern müssen, deshalb können die Weinproduzenten nicht schnell genug auf Veränderungen in der Nachfrage reagieren. Zum Glück jedoch ist der Chablis immer gefragt.

Die Weinbruderschaften

Die Weinbruderschaften oder Confréries haben ihren Ursprung in den Sociétés de Secours Mutuel des 19. Jahrhunderts. Diese wurden zum Schutz der Winzer gegründet: Wenn einer von ihnen krank wurde, konnte er sich auf die Hilfe der Mitglieder der Gesellschaft bei der Pflege seiner Reben und beim Keltern seines Weines verlassen. Dieser Gemeinschaftsgeist hat sich bis heute erhalten. Viele Winzer helfen sich gegenseitig bei der Weinlese und treffen zusammen, um Weinbaumethoden zu diskutieren. Eine dieser Organisationen ist die Confrérie des Chevaliers du Tastevin. Sie wurde 1934, als der Verkauf von Wein rückläufig war, gegründet, um für den Export von Wein zu werben. Ihre Mitglieder treffen sich im Schloss von Clos Vougeot, das im 12. Jahrhundert von den Mönchen von Citeaux erbaut und von den Äbten bis 1791 genutzt wurde. In einer besonderen Zeremonie geloben neue Mitglieder in rotgoldenen Roben, den Wein und das Essen Burgunds hochzuhalten. Es gibt heute noch viele andere Bruderschaften, die alle ihre eigenen Feste und Jahrestage haben. Die bedeutendsten sind das Fest von Saint-Vincent Tournante im Januar, das Fest zu Beginn der Weinlese im September und Les Trois Glorieuses (siehe Seite 65).

Jean-Marc Roulot

Jean-Marc Roulot gehört zur vierten Generation einer Familie von Winzern und Destilleuren in Meursault, dem Zentrum des Weisswein-Anbaugebietes der Côte d'Or. Er produziert eine Reihe von ausgezeichneten Weissweinen aus Aligoté- und Chardonnay-Trauben. Darunter befinden sich die Appellation *Meursault Les Tessons Clos de Mon Plaisir sowie die beiden* Premier crus *Meursault Perrières und Charmes. Seine Reben, die auf über elf Hektar Land in fünf verschiedenen Dörfern wachsen, ergeben einen für Burgund recht grossen Ertrag, und seine Weine sind sehr gefragt. In Meursault werden mehr Weissweine als in den meisten anderen Dörfern Burgunds produziert, und sie gelten als die besten. Die Trauben werden Ende September von erfahrenen Pflückern von Hand gelesen. Das ist eine diffizile Arbeit, bei der sorgfältig darauf geachtet werden muss, dass keine unreifen oder überreifen Trauben gepflückt werden, damit der Geschmack des Weines rein bleibt. Die Abbildungen oben und rechts zeigen die Weinlese an den Hängen von Meix Chavaux. Während der Lese werden die Mahlzeiten gemeinsam eingenommen. Madame Roulot und ihre Tochter bereiten kräftige Gerichte aus besten Zutaten zu, um die Traubenpflücker für ihre harte Arbeit zu entschädigen.*

Die Rolle der Weinhändler

In Burgund haben die Weinhändler *(négociants)* eine komplexe und historisch bedeutende Rolle in der Weinproduktion gespielt. Früher übernahm der Weinhändler das Rohmaterial, verschnitt die Weine, füllte sie ab und versandte sie in alle Welt. Oft erwarb ein *négociant* die gesamte Weinproduktion eines Dorfes, verschnitt sie und verkaufte sie unter dem Namen des Dorfes. Das hatte unweigerlich zur Folge, dass lokale Unterschiede verlorengingen und der einzelne Winzer nur mehr für den Anbau der Reben zuständig war. In den siebziger Jahren begann sich die Situation zu ändern. Immer mehr Winzer fingen an, den Wein selbst zu produzieren, auf Flaschen zu ziehen, zu lagern und direkt an die Verbraucher zu verkaufen. Die *vignerons* verkaufen jetzt bis zu fünfzig Prozent aller Weine, die in Burgund produziert werden, direkt an den Kunden. Dadurch erhöht sich die Vielfalt der Weine, die dem Verbraucher angeboten werden. *Négociants* wie Bouchard und Drouhin in Beaune haben in den letzten dreissig Jahren diversifiziert und ihren Besitz an Weinbergen vergrössert. Sie produzieren jetzt auch Weine aus eigenem Anbau, die zum Teil von ausserordentlicher Qualität sind.

Côte de Nuits

Die Côte de Nuits erstreckt sich von Fixin, südlich von Dijon, südwärts bis nach Corgolain, nördlich von Beaune. Als im Jahre 1680 König Ludwig XIV. erkrankte, gaben ihm seine Ärzte den Rat, die Weine von der Côte de Nuits zu trinken, damit er wieder zu Kräften komme. Seither sind diese Weine berühmt. In «Les Mémoires d'un Touriste» beschreibt Stendhal eine Reise durch die Côte d'Or und eine Weinprobe im *Clos* Vougeot.

Alle paar Jahre wird ein Wein von aussergewöhnlicher Qualität in der Côte d'Or geerntet. In den Wochen vor der Weinlese sprechen die Weinbauern nur darüber, ob es im falschen Augenblick Regen, Wind oder Hitze geben wird, was den Trauben schaden könnte, und die Anspannung und Aufregung vor dem ersten Verkosten des jungen Weines steckt jedesmal alle an.

Domaine Prieuré-Roch

An der Strasse, die vorbei an stattlichen Wohnhäusern durch Nuits-Saint-Georges führt, liegt das Verwaltungsgebäude der *Domaine* Prieuré-Roch. Von Henri-Frédéric Roch wollte ich Genaueres über den biologischen Weinbau und über das berühmte Weingut Romanée-Conti erfahren. Die Reblage Romanée-Conti geht auf fünf Tagwerke Rebland zurück, die 1512 Le Clos des Cloux genannt wurden. Seit 1651 ist diese Lage als Romanée bekannt, und nachdem sie 1760 vom Prince de Conti erworben wurde, bekam sie den Beinamen Conti. Noch heute umfasst sie das gleiche Areal wie damals.

Sozusagen mit einem *tastevin*, der silbernen Probierschale, um den Hals geboren, gibt Roch zu, dass er Glück hatte. Sein Grossvater ist Henri Leroy aus der bekannten Weinhändlerfamilie aus Auxey-Duresses, die einen Teil der *Domaine* Romanée-Conti besitzt. Seit kurzem ist er Co-Direktor dieser *Domaine*. Er hat aber schon vorher eigenen Wein von kleineren Weinbergen wie dem Clos de Vougeot gemacht. Nur wenige junge Männer haben wie er Gelegenheit gehabt,

Marc und Fine de Bourgogne

Nach dem Keltern der Trauben werden die Pressrückstände gesammelt und zurückbehalten. Im Winter wird der Trester dann in geschlossenen Tanks fermentiert und anschliessend destilliert. Die destillierte Flüssigkeit muss in neuen Eichenfässern zehn bis zwölf Jahre altern. Das Resultat ist ein vorzüglicher Branntwein, der Marc. Um eine Appellation réglementée *zu erhalten, muss der Alkoholgehalt von Marc mindestens vierzig und nicht mehr als einundsiebzig Prozent betragen.*

Fine wird manchmal aus Wein destilliert. In Burgund destilliert man ihn jedoch aus den Weinrückständen, die in den Fässern verbleiben. Neue Gesetzesvorschriften und Steuern sowie die langwierige Destillation haben bewirkt, dass diese Spirituosen heute meist nur von grossen Brennereien hergestellt werden. Die Familie von Jean-Marc Roulot gehörte zu den alten Destilleuren, bevor sie Winzer wurden. Jean-Marc erinnert sich, dass sein Vater und sein Grossvater mit ihrem alten Destillierapparat in den Wintermonaten von Dorf zu Dorf zogen, um Fine zu destillieren.

Oben: Dieses Flaschenetikett, das sich so sehr von den üblichen Etiketten unterscheidet, wurde speziell entworfen, um im Supermarkt die Aufmerksamkeit des Käufers zu erregen.

Oben: Die Rebfläche von Clos Vougeot umfasst fünfzig Hektar und ist unter mehr als siebzig Eigentümer aufgeteilt.
Oben rechts: Die Schwestern Chantal und Marie-Andrée Gerbet gehören zu den wenigen Frauen, die exzellenten Wein produzieren.
Links und rechts: Die Winzer in Burgund machen ihren Wein noch auf althergebrachte Weise. Dazu gehört, dass dieser in Eichenfässern reift. Fässer, die in der Küferei Damy in Meursault gefertigt werden, werden in alle Welt exportiert.
Gegenüber: Jean-Claude Rateau (oben) baut seinen Wein nach den biodynamischen Anbaumethoden Rudolf Steiners an. Weinpressen aus dem 19. Jahrhundert (unten) sind heute weitgehend durch computergesteuerte Pressen ersetzt.

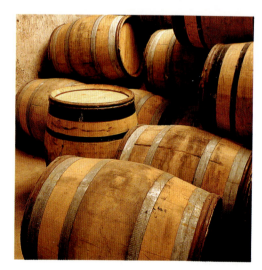

so grosses Weinwissen von seiner Familie und von den Kellermeistern von Romanée-Conti zu erwerben. Roch ist ein gesprächiger Mann, und wenn er einmal anfängt, über Wein zu sprechen, hört er kaum mehr auf, obwohl er beteuert, dass der Wein für sich selber sprechen sollte.

Auf der *Domaine* wächst Gras zwischen den Rebreihen. Der Rebschnitt wird mit grosser Sorgfalt ausgeführt, um die Ertragsgüte der Trauben zu steigern. Bei der Weinherstellung werden nur natürliche Hefen verwendet und kaum Filter benutzt. Roch erinnert sich, dass er einmal einen sehr kritischen amerikanischen Einkäufer vor der Weinprobe in den Weinberg führte. Dieser war von dem Zustand der Rebstöcke so beeindruckt, dass er noch vor der Verkostung die Weine orderte. Jemand, der seine Reben so pflegt, meinte er, hat garantiert exzellten Wein.

Domaine Jean-Claude Rateau

Jean-Claude Rateau spricht über seinen biodynamischen Wein mit verhaltener Leidenschaft. Sein Anbaukonzept basiert auf den Agrartechniken, die Rudolf Steiner in den zwanziger Jahren propagierte. Sie gehen noch über den biologischen Landbau hinaus und richten sich nach einem speziellen Kalender. Wie beim biologischen Pflanzenanbau wird auf Herbizide und Pestizide verzichtet. Durch Kompost und die Zuführung von Mineralstoffen in gleichsam homöopathischen Dosen bekommt man einen gesunden Boden, der frei von unerwünschten Chemikalien ist, und die Arbeit im Weinberg wie der Ausbau des Weines richten sich nach den Phasen des Mondes und der Gestirne.

Rateau begann 1979 mit einem Hektar Rebland und besitzt heute insgesamt acht Hektar. Seine Weine haben ein Bukett, das an *griottes* (Sauerkirschen) erinnert. Sein *Premier cru* Les Reversées 1990 ist ebenso köstlich wie der Wein, der von alten, im Jahre 1902 gepflanzten Rebstöcken stammt, die allerdings nur einen Hektarertrag von fünfzehn Hektoliter ergeben.

Marie-Andrée und Chantal Gerbet

Im Jahre 1983 übernahmen die Schwestern Marie-Andrée und Chantal Gerbet das Weingut, das 1947 von ihrem Vater François gegründet wurde. Alle hätten ihm davon abgeraten, den Clos aux Réas zu kaufen, der damals ein Kartoffelacker war. Der Boden wäre für Reben zu kalkhaltig. Er hat bewiesen, dass sein Entschluss richtig war. Seine Töchter wollen das traditionelle Verfahren ihres Vaters noch verbessern, indem sie die modernsten Weinbaumethoden anwenden.

Die grosse blonde Marie-Andrée verfiel schon früh der Leidenschaft für den Wein. Nach ihrem Studium der Önologie trat sie 1972 in das elterliche Geschäft ein. Sie erzählte mir, dass sie schon als Achtjährige im Weinberg geholfen und während der Schulferien immer auf dem Gut gearbeitet habe. Die Schwestern haben eine Reihe von Neuerungen eingeführt. Sie haben sich dem jetzigen Trend in Burgund angeschlossen, ihre Weine selbst abzufüllen und direkt an den Verbraucher zu verkaufen. Ihr Weingut umfasst dreizehn Hektar. Der Grossteil ihrer Weinproduktion besteht aus sehr gutem Burgunder Hautes Côtes de Nuits sowie etwas Vosne-Romanée *Premier cru* Les Petits Monts, *Grand cru* Echezaux und Clos Vougeot.

Le Vieux Moulin

Bouilland 21420, Tel. 80 21 51 16

Weinreben ziehen sich entlang der Hautes-Côtes bis einige Kilometer von Nuits-Saint-Georges entfernt. Doch hinter dem Hügelkamm beginnt eine andere Welt. Die Strasse führt durch dicht bewaldete Täler zu hochgelegenen heiteren Wiesen, die die imposanten Ruinen der Augustiner-abtei Sainte-Marguerite aus dem 9. Jahrhundert umgeben. Eines der wenigen Häuser von Bouilland ist das Restaurant von Jean-Pierre Silva und seiner Frau Isabelle. Beide stammen zwar aus Südfrankreich, doch ihre Speisekarte ist durchweg von der burgundischen Küche inspiriert. Jean-Pierre ist Autodidakt und ein Perfektionist. Er kocht aus Leidenschaft und träumt davon, jeden Tag neue einzigartige Gerichte für Freunde zu kreieren. Seine Küche ist wahrhaft hin-reissend. Seine mit Coq au vin gefüllten Ravioli bourguignons sind köstlich und seine am Spiess gebratenen Kapaune, Perlhühner, Rinder- und Lammbraten sind ein Genuss!

Gâteau d'écrevisses et fromage de chèvre blanc, coulis aux poivrons rouges

Frischer Ziegenkäse mit Krebsen und roter Paprikasauce

Dies ist eine elegante Vorspeise für einen Som-mertag. Krebse oder Garnelen kann man bereits abgekocht kaufen, wenn die Zeit knapp ist.

FÜR 4 PORTIONEN
48 Flusskrebse oder grosse Garnelen
2 EL Rahm
1 kleines Bund Schnittlauch, fein zerschnitten
4 EL Olivenöl
Salz, frisch gemahlener schwarzer Pfeffer
200 g Ziegenfrischkäse
zarte Spinatblättchen oder Portulak

FÜR DIE PAPRIKASAUCE
1 rote Peperoni (Paprika)
3 EL Olivenöl

• Lebend gekaufte Krebse werden unter flies-sendem kaltem Wasser abgebürstet und in einem grossen Topf sprudelnd kochendem Fischsud

5–7 Minuten abgekocht, danach aus den Schalen gebrochen und entdärmt.

• In einer Schüssel den Rahm mit dem Schnitt-lauch, dem Olivenöl sowie mit Salz und Pfeffer verrühren. Den Ziegenkäse zerbröckeln und damit vermischen.

• Die Masse zu 4 gleich grossen runden Laiben formen, auf 4 Teller setzen und etwa 30 Minuten im Kühlschrank fest werden lassen.

• Für die Sauce die Paprikaschote im auf 190 °C vorgeheizten Ofen auf dem oberen Rost etwa 45 Minuten backen, bis die Haut dunkel und das Fleisch weich ist. In einen Plastikbeutel geben und fest verschlossen abkühlen lassen. Anschliessend die Haut mit einem kleinen Messer abziehen und den Stielansatz sowie die Samenkerne entfernen. Das Fruchtfleisch grob zerschneiden und zusammen mit dem Olivenöl im Mixer pürieren. Falls das Püree zu dick ist, mit etwas Wasser verdünnen. Mit Salz und Pfeffer abschmecken.

• Die Krebse auf dem Käse anrichten. Mit Spi-nat- oder Portulakblättchen umlegen und mit der Paprikasauce umgiessen.

Sandre mariné
à la bourguignonne

Zander auf Burgunder Art
(Abbildung rechts oben)

FÜR 4 PORTIONEN
4 Zanderfilets von je 175 g, mit Haut
4 Lauchstangen, nur die weissen Abschnitte
50 g Butter
4 EL Schlagrahm als Garnitur
Salz, frisch gemahlener schwarzer Pfeffer

FÜR DIE MARINADE
¼ l weisser Burgunder
4 EL Marc de Bourgogne oder Cognac
1 Karotte, in feine Scheiben geschnitten
1 Zwiebel, sehr fein gewürfelt
½ Lorbeerblatt
1 Zweig frischer Thymian
2 EL Olivenöl
1 kleines Bund Petersilie, fein zerschnitten
1 kleines Bund Schnittlauch, fein zerschnitten

• Für die Marinade am Vorabend alle Zutaten in einer Schüssel vermischen. Zugedeckt kühl stellen, damit sich die Aromen verbinden.
• Den Lauch in kochendem Salzwasser blanchieren, kalt abschrecken und längs halbieren. Danach in dünne Streifen schneiden.
• Den Ofen auf 160 °C vorheizen.
• Die Zanderfilets 10 Minuten in die Marinade legen. Mit einem Sieblöffel herausheben und mit Salz und Pfeffer würzen. Die Marinade zurückbehalten. In einer Bratpfanne 15 g Butter erhitzen. Die Filets mit der Hautseite nach unten in die heisse Butter legen und auf kleiner Flamme 8 Minuten anbraten. Die Lauchstreifen auf vier ofenfeste Teller verteilen und die Filets mit der Hautseite nach oben darauf plazieren. Die Teller mit Aluminiumfolie abdecken und für 10 Minuten in den vorgeheizten Ofen stellen.

• Unterdessen 2 Esslöffel Marinade mit 4 Esslöffeln Wasser und der restlichen Butter in einem kleinen Topf aufkochen und 1–2 Minuten einkochen lassen. Die Sauce abschmecken und die Filets damit überziehen. Mit je einem Esslöffel Schlagrahm garnieren und servieren.

Compôte de tomates
aux fruits rouges

Tomatenkompott mit roten Beeren

Dieses originelle Dessert ist typisch für die Küche von Jean-Pierre Silva. (Abbildung rechts unten)

FÜR 4 PORTIONEN
450 g reife Tomaten, gehäutet, entkernt
und gewürfelt
250 g Zucker
2 Zimtstangen
100 g Blätterteig
½ EL Puderzucker
400 g Himbeeren, Erdbeeren
oder rote Johannisbeeren
einige Tropfen Balsamessig (nach Belieben)

• Für das Kompott die Tomaten, den Zucker und die Zimtstangen in einen Topf geben und auf kleiner Flamme unter ständigem Rühren kochen, bis die Flüssigkeit verkocht ist. Abkühlen lassen.
• Den Ofen auf 200 °C vorheizen.
• Den Teig auf einer mit Mehl bestäubten Arbeitsfläche dünn ausrollen und in 4 Dreiecke mit 10 cm langen Schenkeln schneiden. Die Dreiecke auf ein mit Wasser benetztes Backblech setzen. Mit einer Gabel mehrmals einstechen und 5 Minuten backen, bis sie goldbraun aufgegangen sind. Mit Puderzucker bestäuben und unter dem heissen Grill leicht karamelisieren.

• Das Tomatenkompott auf vier Teller verteilen und mit den Beeren umlegen. Mit wenigen Tropfen Balsamessig beträufeln und mit den Blätterteigdreiecken belegen. Sofort servieren.

Soupe au vin
Rotweinsuppe

Die burgundischen Köchinnen hatten schon immer eine Vorliebe für schnelle und einfache Suppen. Früher konnte die Suppe langsam auf dem Ofen vor sich hin kochen, während die Bäuerin die Tiere versorgte oder andere Arbeiten auf dem Hof versah. Einige Suppen bestanden nur aus heissem Rahm, Wasser oder Wein, die über Brot gegossen wurden. Ein Sprichwort lautet: «La soupe à la Guillemette, elle bout quand elle est faite.» Mit anderen Worten, Madame Guillemettes Suppe war fertig, sobald das Wasser kochte. Die Suppe wurde mit geröstetem Brot und saurem Rahm gegessen. Oft wurde übriggebliebener Wein dazugegossen, damit die Suppe an kalten Abenden noch besser den Magen erwärmte.

FÜR 4 PORTIONEN
2 Karotten, fein gewürfelt
1 weisses Rübchen, fein gewürfelt
1 Lauch, nur das Weisse, in feine Streifen geschnitten
1 grosse Zwiebel, in feine Streifen geschnitten
1½ EL Butter
400 ml roter Burgunder
1 l Geflügelbrühe
Salz, frisch gemahlener schwarzer Pfeffer
2 EL Perlsago (nach Belieben)

• In einem grossen Topf das Gemüse in der Butter etwa 10 Minuten unter Rühren weich dünsten. Mit dem Wein aufgiessen und 20 Minuten auf kleiner Flamme kochen lassen. Danach die Brühe zufügen und zugedeckt weitere 10 Minuten kochen. Mit Salz und Pfeffer abschmecken.
• Für eine gebundene Suppe, streut man den Perlsago ein und lässt die Suppe unter ständigem Rühren weitere 10 Minuten kochen.
• Mit einem rustikalen Brot servieren.

Œufs en meurette
Pochierte Eier in Rotweinsauce

Die folgende Rotweinsauce kann auch zu verschiedenen Fleisch- und Fischgerichten serviert werden. Sie können sie bereits am Vortag zubereiten und aufwärmen, während Sie die Eier pochieren.

FÜR 4 PORTIONEN

FÜR DIE SAUCE
100 g durchwachsener Räucherspeck
4 Schalotten, sehr fein gewürfelt
50 g Butter
1½ EL Mehl
¾ l roter Burgunder
1 Bouquet garni
Salz, frisch gemahlener Pfeffer
8 kleine dünne Scheiben Bauern- oder Baguettebrot
2 Knoblauchzehen, halbiert
50 g Butter

3 EL Weissweinessig
8 Eier
1 kleines Bund Schnittlauch, fein zerschnitten

• Für die Sauce den Speck mit Wasser bedeckt zum Kochen bringen. Danach sofort herausheben, trockentupfen und in kleine Würfel schneiden. In einer Sauteuse die Speck- und die Schalottenwürfel in der Butter über mittlerer Hitze andünsten. Wenn die Schalotten glasig sind, das Mehl anstäuben und hell anschwitzen.
• Abseits vom Feuer den Wein mit dem Rührbesen einrühren. Das Bouquet garni einlegen und die Sauce auf kleiner Flamme unter gelegentlichem Rühren 25 Minuten köcheln lassen. Mit Salz und Pfeffer abschmecken.
• Das Brot mit den halbierten Knoblauchzehen einreiben und in der Butter von beiden Seiten goldbraun rösten. Je zwei Scheiben in vier vorgewärmte Suppenteller legen.

• Einen flachen weiten Topf mit Wasser füllen und den Essig zugiessen. Zum Kochen bringen, danach die Hitze reduzieren, so dass das Wasser nur noch leise köchelt. Die Eier nacheinander aufschlagen, vorsichtig ins siedende Wasser gleiten lassen und 3–4 Minuten pochieren. Mit einem Sieblöffel herausheben und auf Küchenpapier abtropfen lassen. Die Eier in Form schneiden.
• Auf jede Scheibe Brot ein Ei legen und mit der Sauce überziehen. Mit Schnittlauch bestreuen und sofort servieren.

Escargots en chaussure lutée

*Schnecken in Pilzsauce
unter der Blätterteighaube*

Maryse Kuzma von der *ferme auberge* Les Comes in Frolois macht sechs verschiedene Schneckengerichte. Dieses ist eine festliche Vorspeise.

*FÜR 4 PORTIONEN
4 Schalotten, fein zerschnitten
1 Knoblauchzehe, zerdrückt
1 EL Butter
200 g Champignons, in dünne Scheiben
geschnitten
100 ml weisser Burgunder
225 ml Rahm
¼ l Gemüsebrühe
50 g Haselnusskerne, gehäutet und fein gehackt
3 Tomaten, gehäutet und gewürfelt
je 1 EL fein geschnittener Schnittlauch,
Petersilie und Kerbel
Salz, frisch gemahlener schwarzer Pfeffer
250 g Blätterteig
24 Schnecken aus der Dose
1 Eigelb, verquirlt*

• Den Ofen auf 200 °C vorheizen.
• Für die Sauce die Schalotten und den Knoblauch in der Butter andünsten. Die Pilze und den Wein zufügen und 5 Minuten köcheln lassen. Danach den Rahm und die Gemüsebrühe angiessen und 3–4 Minuten auf grosser Flamme einkochen. Die Nüsse, Tomaten und Kräuter unterheben und die Sauce mit Salz und Pfeffer abschmecken.
• Den Blätterteig auf einer mit Mehl bestäubten Arbeitsfläche ausrollen. Vier runde Platten ausstechen, jeweils gross genug, um ein Auflaufförmchen von 125 ml Fassungsvermögen abzudecken.
• In jedes Förmchen 6 Schnecken legen. Mit der Sauce auffüllen und mit dem Blätterteig ab-

decken. Die Teigränder fest andrücken und die Teigoberfläche mit verquirltem Eigelb bestreichen. Im vorgeheizten Ofen goldbraun backen. Sofort servieren.

Champignons à la dijonnaise

Pilze in Senfrahm

Dieses Pilzgericht eignet sich vorzüglich zu Nudeln, zu gebackenen Kartoffeln oder Fisch. Madame Mouillefarine servierte es als eigenständiges Gericht in ihrem ländlichen Restaurant in Beaunotte. Während der Pilzsaison sollte man dafür gemischte Waldpilze verwenden.

FÜR 4 PORTIONEN
450 g kleine Champignons und Pfifferlinge
1 Zitrone, Saft
2 EL Butter
2 Schalotten, fein gewürfelt
3 Zweige frischer Thymian
100 ml weisser Burgunder
¼ l Rahm
1 Eigelb
2 EL Dijon-Senf
Salz, frisch gemahlener schwarzer Pfeffer
2 EL Petersilie, fein zerschnitten

• Die Pilze mit dem Zitronensaft beträufeln und in der Hälfte der Butter 5 Minuten anbraten. Samt dem Saft in eine Schüssel schütten. Die restliche Butter in der Pfanne erhitzen und darin die Schalotten glasig dünsten. Den Thymian und den Wein zufügen und 5 Minuten kochen lassen.
• Den Rahm mit Eigelb und Senf verquirlen und mit den Pilzen zu den Schalotten geben. Vorsichtig erhitzen, ohne es zum Kochen kommen zu lassen. Mit Salz und frisch gemahlenem schwarzem Pfeffer abschmecken. Mit Petersilie bestreuen und sofort servieren.

Cardons à la moelle
Kardy mit Ochsenmark

Karden sind ein schmackhaftes Wintergemüse. Sie passen sehr gut zu Hähnchen oder Puten.

FÜR 4 PORTIONEN
1 Kardystaude
1 Zitrone, Saft
2 EL Mehl
225 g Ochsenmark, gewässert
30 g Butter
2 Schalotten, fein gewürfelt
150 ml weisser Burgunder
200 ml Rinder- oder Gemüsebrühe
Salz, frisch gemahlener schwarzer Pfeffer

• Die Kardy putzen und beschädigte Aussenstiele entfernen. Mit einem scharfen Messer die stacheligen Ränder abschneiden und die Fäden wie bei Staudensellerie abziehen.
• Einen guten Liter Wasser mit dem Zitronensaft in einen Topf giessen. Das Mehl mit 3 Esslöffeln Wasser glattquirlen und in das Zitronenwasser rühren.
• Die Kardystiele in fingerlange Stücke schneiden und sofort ins vorbereitete Wasser legen. Im geschlossenen Topf etwa 30 Minuten weich garen.
• Unterdessen das gewässerte Ochsenmark in Scheiben schneiden und 1–2 Minuten in siedendem Salzwasser pochieren. Herausheben, kalt abschrecken, abtropfen lassen und in kleine Würfel schneiden.
• Die Butter in einem kleinen Topf erhitzen und darin die Schalotten glasig dünsten. Den Wein zugiessen und auf die Hälfte einkochen. Die Sauce abschmecken.
• Den Ofen auf 190 °C vorheizen. Eine Gratinform leicht fetten. Die Kardystücke abtropfen lassen und in die Form schichten. Mit den Markwürfeln bestreuen, mit der Sauce überziehen und 10 Minuten im Ofen überbacken.

Potée de lentilles dijonnaise
Linsensuppe auf Dijoner Art

In Dijon wird Linsengemüse mit dicken Scheiben Pâté de campagne gegessen. In diesem Eintopf ist beides vereint.

FÜR 4 PORTIONEN
200 g grüne Linsen
1 Zwiebel, mit 1 Gewürznelke gespickt
1 Karotte, in Scheiben geschnitten
1 Lauchstange, in Scheiben geschnitten
1 Stange Staudensellerie
2 schwarze Pfefferkörner, zerdrückt
1 Zweig frischer Thymian
120 g Frühstücksspeck
Salz, frisch gemahlener schwarzer Pfeffer
2 EL Butter
4 dicke Scheiben Bauernbrot
120 g Pâté de campagne
4 EL Crème fraîche

• Die Linsen zusammen mit der gespickten Zwiebel, dem Gemüse, den Pfefferkörnern, dem Thymian und den Speckscheiben in einen grossen Topf geben und mit einem Liter Wasser bedecken. Auf kleiner Flamme im offenen Topf kochen lassen, bis die Linsen weich sind.
• Danach die Zwiebel, den Thymian und den Sellerie mit einem Sieblöffel entfernen. Die Speckscheiben herausnehmen, würfeln und zurück in den Topf geben. Mit Salz und frisch gemahlenem schwarzem Pfeffer abschmecken.
• Die Butter in einer Pfanne erhitzen und darin die Brotscheiben von beiden Seiten anrösten. Auf Küchenpapier entfetten. Das Pâté in vier Suppenteller verteilen. Die Brotscheiben darüberlegen und mit der Linsensuppe übergiessen. Je einen Esslöffel Crème fraîche daraufgeben und sofort servieren.

Truites au vin rouge
Forelle in Rotwein

In der Abtei von Fontenay haben die Mönche bereits im Mittelalter Teiche für die Fischzucht angelegt und in künstlich aufgestauten Bächen Forellen gehalten. Man kann die Forellen auch kalt in Aspik servieren, indem man ein halbes Päckchen Aspikpulver im heissen Weinfond auflöst und die Forellen damit überzieht.

FÜR 4 PORTIONEN
4 küchenfertige Forellen von je 200 g
¾ l roter Burgunder
2 Zwiebeln, sehr fein gewürfelt
2 Karotten, in dünne Scheiben geschnitten
1 Bouquet garni
Salz, frisch gemahlener schwarzer Pfeffer
50 g Butter
3 Schalotten, sehr fein gewürfelt
1 EL Mehl

• Den Ofen auf 220 °C vorheizen.
• Den Wein zusammen mit den Zwiebeln, den Karotten und dem Bouquet garni zum Kochen bringen. Auf kleiner Flamme 5 Minuten im offenen Topf kochen, dann abkühlen lassen.
• Eine ofenfeste Form mit weicher Butter ausstreichen und die Forellen nebeneinander hineinlegen. Mit Salz und Pfeffer bestreuen und mit der Weinreduktion übergiessen. Im vorgeheizten Ofen 10 Minuten garen, dabei mindestens einmal mit dem Wein bestreichen.
• Unterdessen die Butter erhitzen und darin die Schalotten glasig dünsten. Das Mehl anstäuben und unter Rühren 2–3 Minuten anschwitzen.
• Die Forellen aus dem Ofen nehmen, auf eine vorgewärmte Servierplatte legen und warm halten. Den Fischsud in die Mehlschwitze rühren, zum Kochen bringen und unter ständigem Rühren 5 Minuten kochen lassen. Die Sauce abschmecken und über die Forellen giessen.

Le fricot de canard aux navets

Entenfrikassee mit Rübchen

Traditionell wurde für dieses Gericht eine ganze Ente verwendet.

FÜR 4 PORTIONEN
4 grosse Entenkeulen oder 1 ganze Ente, in 8 Stücke geschnitten
20 Perlzwiebeln, geschält
50 g Butter
500 g Rübchen, geschält und geviertelt
2 TL Zucker
40 g Mehl
300 ml Geflügel- oder Gemüsebrühe
¼ l weisser Burgunder
2 Knoblauchzehen, zerdrückt
1 Bouquet garni
Salz, frisch gemahlener schwarzer Pfeffer
1 kleines Bund Petersilie, fein zerschnitten

• In einem gusseisernen Schmortopf die Enten-teile in ihrem eigenen Fett 20–25 Minuten bräu-nen. Herausheben und das Fett bis auf etwa 2 Esslöffel abgiessen. Darin die Perlzwiebeln anbräunen, herausheben und bereithalten.
• Die Butter im Schmortopf erhitzen und darin die Rübchen auf grosser Flamme etwa 2 Minu-ten sautieren, salzen und leicht anbräunen. Da-nach mit dem Zucker bestreuen und über milder Hitze karamelisieren lassen. Die Rübchen her-ausnehmen und bereithalten.
• Das Mehl anstäuben und unter Rühren 2–3 Minuten anschwitzen. Die Brühe, den Wein, den Knoblauch und das Bouquet garni zufügen. Die Ententeile wieder in den Topf legen und eine Stunde schmoren. Anschliessend die Zwie-beln und die Rübchen zufügen und weitere 15 Minuten schmoren, bis das Fleisch weich ist. Das Bouquet garni entfernen und die fein ge-schnittene Petersilie unterheben.

Poulet crapaudine

Hühnchen auf Krötenart

Der etwas ungewöhnliche Name dieses Gerichts kommt daher, dass die flachgedrückten Hühn-chen Kröten ähneln sollen. Wenn die Hühnchen weniger als 500 Gramm wiegen, die Grillzeit zu Beginn um 5 Minuten verkürzen.

FÜR 4 PORTIONEN
4 Stubenküken von je etwa 450–650 g
30 g Butter, geschmolzen
Salz, frisch gemahlener schwarzer Pfeffer
1 EL Dijon-Senf
2 EL frische Weissbrotkrumen
1 Zitrone, Saft

• Den Grill auf höchster Stufe vorheizen.
• Mit der Küchenschere die Flügel abtrennen und das Fleisch an beiden Seiten dem Rückgrat entlang aufschneiden. Das Rückgrat entfernen und das Gabelbein durchtrennen. Die Küken aufklappen und flachdrücken. Mit flüssiger But-ter bestreichen und würzen.
• Mit der Hautseite nach oben unter den heissen Grill legen und 15 Minuten grillen. Wenden, mit flüssiger Butter bestreichen und weitere 10 Mi-nuten unter den Grill legen.
• Die Küken herausnehmen. Die Hautseite mit Senf bestreichen, mit den Brotkrumen be-streuen und diese leicht andrücken.
• Nochmals 10 Minuten grillen, jedoch darauf achten, dass sie nicht zu stark bräunen. Mit Zitronensaft beträufeln und mit Champignons à la dijonnaise (Rezept Seite 84) servieren.

Coq au vin

Dies ist ein klassisches burgundisches Gericht, das man in verschiedenen Varianten in ganz Frankreich findet. Verwenden Sie dafür einen kräftigen Rotwein, der ruhig preiswert sein darf. Das Bukett eines teuren Weines würde sich beim Schmoren verflüchtigen.

FÜR 4 PORTIONEN
1 Poularde von 1,5 kg, in Portionsstücke zerlegt
¾ l roter Burgunder
1 Zwiebel, in Ringe geschnitten
2 Karotten, in Scheiben geschnitten
1 Lauch, in Streifen geschnitten
2 Knoblauchzehen, zerdrückt
1 Bouquet garni
2 EL Speiseöl
30 g Butter
200 ml Geflügelbrühe
30 g Pfeilwurzelmehl oder Mehl
4 EL Marc de Bourgogne oder Cognac
Salz, frisch gemahlener Pfeffer

FÜR DIE GARNITUR
200 g magerer Räucherspeck, gewürfelt
20 Perlzwiebeln
150 g kleine Champignons, geputzt
30 g Butter
2 Scheiben Weissbrot, geviertelt
1 Knoblauchzehe, halbiert

• Den Wein in einem grossen Topf zum Kochen bringen, 5 Minuten einkochen, dann abkühlen lassen.
• Die Poulardenteile mit dem Gemüse, dem zer-drückten Knoblauch und dem Bouquet garni in einer grossen Glas- oder Porzellanschüssel ver-mischen. Mit dem abgekühlten Wein übergiess-en, mit Frischhaltefolie abdecken und über Nacht in den Kühlschrank stellen.
• Die Poulardenteile und das Gemüse aus der Marinade nehmen. Die Flüssigkeit abseihen und ebenso wie das Gemüse bereithalten.
• Die Poulardenteile mit Küchenpapier trocken-tupfen und in einem gusseisernen Schmortopf im Öl und der Hälfte der Butter von jeder Seite 5 Minuten anbraten. Das Fett abgiessen, das

zurückbehaltene Gemüse beigeben und unter Rühren 5 Minuten andünsten. Die Marinadenflüssigkeit zugiessen und das Bouquet garni hinzufügen. Soviel Brühe zugiessen, dass das Fleisch knapp bedeckt ist. Im geschlossenen Topf auf kleiner Flamme 40 Minuten schmoren, bis das Fleisch weich ist und klarer Fleischsaft austritt, wenn man es mit der Messerspitze ansticht.

• Für die Garnitur den Speck 5 Minuten in einer Pfanne anbraten. Die Perlzwiebeln zufügen und von allen Seiten anbräunen. Danach, falls nötig, etwas Butter zufügen. Die Pilze einstreuen und 5 Minuten dünsten. Mit einem Sieblöffel den Speck, die Zwiebeln und die Pilze herausheben und bereithalten. Das Brot mit Knoblauch einreiben und in derselben Pfanne rösten. Herausnehmen und bereithalten.

• Die Poulardenteile aus dem Topf nehmen. Das Gemüse und das Bouquet garni entfernen. Den Schmorfond durch ein Sieb in einen sauberen Topf seihen und zum Kochen bringen. Das Pfeilwurzelmehl mit dem Marc verquirlen und in den kochenden Fond giessen. Rühren, bis die Sauce bindet, und abschmecken. Die Poulardenstücke mit der Sauce überziehen, mit den Pilzen, Zwiebeln, Speckwürfeln und gerösteten Brotscheiben umlegen und servieren.

Lapin à la dijonnaise

Kaninchen in Senfsauce

In Burgund sieht man auf den Bauernhöfen noch häufig Kaninchen. Für dieses traditionelle Gericht wird eine weitere Spezialität der Region verwendet, der Senf. Da Senföle beim Erhitzen verfliegen, darf man den Senf erst ganz am Ende der Kochzeit beigeben. Der Senf sollte im Glas immer mit einer dünnen Ölschicht überzogen sein, damit er nicht austrocknet.

FÜR 4 PORTIONEN
1 Kaninchen von 1,5 kg, in 8 Portionsstücke geschnitten
¾ l trockener Weisswein
4 EL Weissweinessig
2 Zwiebeln, in Ringe geschnitten
1 Karotte, in Scheiben geschnitten
1 Bouquet garni
1 TL Meersalz
100 g weiche Butter
5 EL scharfer Dijon-Senf
8 Scheiben Frühstücksspeck
100 ml Rahm

Salz, frisch gemahlener schwarzer Pfeffer
1 EL Schnittlauch, fein zerschnitten

• Am Vorabend die Fleischstücke mit dem Weisswein, dem Essig, den Zwiebeln, der Karotte, dem Bouquet garni und dem Meersalz in einer grossen Glas- oder Porzellanschüssel vermischen. Zugedeckt über Nacht oder mindestens 2–3 Stunden in den Kühlschrank stellen.
• Den Ofen auf 200°C vorheizen.
• In einer kleinen Schüssel die Hälfte der Butter mit der Hälfte des Senfs glattrühren. Die Kaninchenteile aus der Marinade heben, trockentupfen, mit der Senfbutter bestreichen und in je eine Speckscheibe wickeln. In einen Bräter legen und 25–30 Minuten im vorgeheizten Ofen weich braten. Das Fleisch ist gar, wenn beim Anstechen mit einem spitzen Messer klarer Fleischsaft austritt. Während des Bratens mit der Marinade bestreichen, wenn das Fleisch auszutrocknen scheint.
• Unterdessen für die Sauce die Marinade mit dem Würzgemüse in einen Topf giessen. Zum Kochen bringen und 10 Minuten einkochen lassen.
• Den Bräter mit dem Fleisch aus dem Ofen nehmen. Die Kaninchenteile in eine Servierschüssel geben und warm halten. Die Marinade durch ein Sieb in den Bräter seihen. Auf dem Herd 5 Minuten kochen lassen, dabei mit einem Kochlöffel den Bratensatz lösen. Den Rahm einrühren und weitere 5 Minuten auf kleiner Flamme kochen lassen. Ganz zum Schluss die restliche Butter und den restlichen Senf mit dem Rührbesen einrühren. Die Sauce abschmecken und über die Kaninchenteile geben. Mit Schnittlauch bestreuen und servieren.

Côtelettes de porc, sauce piquante avec oignons au vinaigre

Schweinekotelett mit pikanter Sauce und Essigzwiebeln

Als am Anfang unseres Jahrhunderts wegen der verheerenden Reblausschäden selbst in Burgund Wein rar und Zitronen nicht immer erhältlich waren, wurde wie in diesem Rezept oft Essig zum Würzen verwendet.

FÜR 4 PORTIONEN
4 Schweinekoteletts
1 EL Mehl
Salz, frisch gemahlener schwarzer Pfeffer
30 g Butter
1 Knoblauchzehe, zerdrückt
1 Bouquet garni
4 Schalotten, fein gewürfelt
1 EL Dijon-Senf
1 EL Weissweinessig
6–8 Cornichons, gewürfelt

FÜR DIE ESSIGZWIEBELN
450 g Tomaten
2 Zwiebeln, fein gewürfelt
3 Knoblauchzehen
9 EL Olivenöl
2–3 Basilikumblätter, zerschnitten
1 Bouquet garni
1 kg Perlzwiebeln, geschält
100 g Rosinen
200 ml Weissweinessig
80 g Zucker
Salz, frisch gemahlener Pfeffer

• Am Vortag für die Essigzwiebeln die Tomaten, die Zwiebelwürfel, den Knoblauch, 3 Esslöffel Öl, das Basilikum und das Bouquet garni in einem Topf vermischen und zugedeckt auf kleiner Flamme 30 Minuten dünsten.

• Die Perlzwiebeln, die Rosinen, das restliche Olivenöl, den Essig, den Zucker und die Gewürze zufügen. Etwa ½ l Wasser beigeben und zum Kochen bringen. Auf kleiner Flamme eine Stunde im offenen Topf kochen lassen. Danach abkühlen lassen und zugedeckt über Nacht in den Kühlschrank stellen.

• Am nächsten Tag in einer flachen Schüssel das Mehl mit etwas Salz und Pfeffer vermischen und darin die Koteletts wenden. Die Butter in einer grossen Pfanne erhitzen und die Koteletts darin über mittlerer Hitze 10–15 Minuten braten, dabei einmal wenden.

• ¼ l Wasser, den Knoblauch und das Bouquet garni zufügen. Mit Salz und Pfeffer würzen und 10 Minuten auf kleiner Flamme schmoren. Die Schalotten einstreuen und weitere 10 Minuten schmoren. Falls nötig, noch etwas Wasser einrühren.

• Den Senf mit dem Essig verrühren und zusammen mit den gewürfelten Cornichons daruntermischen. Auf kleiner Flamme 3–4 Minuten kochen lassen. Die Koteletts auf eine Servierplatte legen und mit der Sauce überziehen. Die eingelegten Zwiebel getrennt dazu reichen.

Jambon persillé

Schinken in Gelee mit Petersilie

Dieses Gericht wird traditionell zu Ostern in einer weissen Steingut- oder einer Glasschüssel zusammen mit Senf und Gewürzgurken aufgetischt. Es muss mindestens einen Tag vorher zubereitet werden.

FÜR 4 BIS 6 PORTIONEN
1 kg roher Schinken
1 Kalbshaxe, in 2 Stücke geteilt, 1 Kalbsfuss, gespalten und blanchiert, und 2 Markknochen, zerhackt, oder ½ Päckchen Aspikpulver
1 Zwiebel
1 Karotte
2 Bund glattblättrige Petersilie
je 2 Estragon- und Thymianzweige
1 Lorbeerblatt
8 schwarze Pfefferkörner
¾ l trockener weisser Burgunder
2 TL getrockneter Majoran
1 Zweig frischer Kerbel
frisch gemahlener schwarzer Pfeffer

• Den rohen Schinken in einem grossen Topf mit kaltem Wasser bedeckt zum Kochen bringen, dann das Wasser abgiessen. Dieses noch zweimal wiederholen, beim letzten Mal das Wasser nicht mehr abgiessen, sondern den Schinken darin auf kleiner Flamme 30 Minuten sieden lassen, dabei mehrmals abschäumen.

• Den Schinken aus der Brühe nehmen und abkühlen lassen. Danach in Stücke schneiden, überschüssiges Fett und die zähe Schwarte entfernen. Das Fleisch zurück in den Topf geben. Nach Belieben Kalbshaxe, Kalbsfuss und Markknochen zusammen mit Zwiebel, Karotte, einem Bund Petersilie und einem Estragonzweig, dem Thymian, dem Lorbeerblatt und den Pfefferkörnern zufügen. ½ l Wein und soviel Wasser zugiessen, dass das Fleisch knapp bedeckt ist. Etwa 1½ Stunden sieden lassen, dabei wiederholt abschäumen.

• Die Schinkenstücke in eine Schüssel geben. Die Brühe durch ein mit einem Mulltuch ausgelegtes Sieb seihen.

• Falls Aspikpulver verwendet wird, dieses 5 Minuten im restlichen Wein einweichen und in der heissen Brühe unter Rühren auflösen. Die Brühe abschmecken. Den Schinken mit der Gabel zerpflücken. Den restlichen Estragon und die Petersilie fein schneiden. Zusammen mit dem Majoran, dem Kerbel und etwas Brühe mit dem Schinkenfleisch vermischen.

• Den Boden einer Glasschüssel oder einer Terrine mit der Aspikbrühe ausgiessen. Eine

Schicht Fleisch darüber verteilen und mit etwas Brühe übergiessen. Fortfahren, bis alles Fleisch verbraucht ist, und dieses mit der restlichen Brühe überziehen. Abkühlen lassen und zugedeckt über Nacht zum Festwerden in den Kühlschrank stellen.

Flamusse

Karamelisierte Kürbiscreme

Dieses Rezept kann auch mit Äpfeln zubereitet werden.

FÜR 4 PORTIONEN
450 g Kürbisfleisch, grob zerschnitten
200 g Zucker
3 Eier
150 ml Milch
1 Päckchen Vanillezucker
1 TL gemahlener Zimt
30 g Mehl

• Das Kürbisfleisch mit Wasser bedeckt zum Kochen bringen. Auf kleiner Flamme im offenen Topf 10–15 Minuten weich garen. Anschliessend im Mixer pürieren oder durch ein Sieb streichen.
• Den Ofen auf 180 °C vorheizen.
• Die Hälfte des Zuckers mit einigen Tropfen Wasser in einem kleinen Topf mit schwerem Boden unter ständigem Rühren auf kleiner Flamme etwa 5 Minuten hell karamelisieren. Mit dem Karamel 4 Portionsförmchen oder eine grosse Form von etwa ½ l Inhalt ausgiessen.
• In einer grossen Schüssel die Eier mit der Milch, dem restlichen Zucker, dem Vanillezucker, dem Zimt und dem Mehl verrühren. Das Kürbispüree unterheben. Die Masse in die mit Karamel ausgegossenen Formen füllen. Die Formen in einen flachen Bräter setzen und soviel heisses Wasser angiessen, dass sie bis zur halben Höhe im Wasser stehen. Im vorgeheizten Ofen

35 Minuten garen, bis ein in die Mitte gestochenes Messer sauber herauskommt. Auf Dessertteller stürzen und mit Schlagrahm servieren.

Trou bourguignon
Zitronensorbet mit Marc de Bourgogne

Dieses Sorbet wird gewöhnlich als Zwischengang eines Menüs serviert (daher sein Name), um den Gaumen zu erfrischen. Es kann aber ebenso den Abschluss eines Essens bilden.

FÜR 4 BIS 6 PORTIONEN
2 TL Gelatinepulver
200 g Zucker
175 ml Zitronensaft
1 unbehandelte Zitrone, fein geriebene Schale
2 Eiweiss
50 ml Marc de Bourgogne oder Cognac
Minzblättchen als Garnitur

• Die Gelatine in 4 Esslöffel kaltem Wasser auflösen. In einem kleinen Topf 170 Gramm Zucker in ½ l Wasser unter Rühren auflösen und 10 Minuten zu einem dickflüssigen Sirup kochen. Abseits vom Feuer die Gelatine einrühren. Abkühlen lassen und zugedeckt eine Stunde in den Kühlschrank stellen.
• Anschliessend den Zitronensaft und die abgeriebene Zitronenschale in den Sirup rühren. Das Eiweiss mit dem restlichen Zucker zu steifem Schnee schlagen und unter den Sirup ziehen.
• Die Masse in eine Metallschüssel füllen und 1 bis 1½ Stunden im Gefrierfach gefrieren lassen. Herausnehmen und mit dem Handrührgerät kräftig durchrühren, damit sich keine grossen Eiskristalle bilden. Weitere 2 Stunden gefrieren lassen, dabei alle 30 Minuten durchrühren.
• Danach den Marc einrühren und wieder durchkühlen. Vor dem Anrichten nochmals gründlich durcharbeiten. In hohe Gläser füllen und mit Minzblättchen garnieren.

Pain d'épices
Honiglebkuchen

Bei meinem ersten Aufenthalt in Burgund wohnte ich in dem kleinen Dorf Valfermet bei Madame Tilquin; als Willkommensgruss buk sie Honiglebkuchen. Von Honiglebkuchen gibt es viele Varianten, doch immer gehören Honig und Anis zu den Zutaten. Das folgende Rezept gab mir Anne Willan. Ich habe noch gemahlenen Ingwer zugefügt. Sie können die Gewürze nach Belieben variieren. Verwenden Sie aber ganze Aniskörner und zerstossen Sie sie im Mörser. (Abbildung rechts)

FÜR 2 MITTELGROSSE LEBKUCHEN
300 ml Milch
450 g Honig
200 g Zucker
375 g Roggenmehl
200 g Weizenmehl
2 Eigelb, verquirlt
2 TL gemahlener Anis
½ TL gemahlener Koriander
1 TL gemahlener Ingwer
½ TL gemahlener Zimt
½ TL gemahlene Nelken
2 TL Natron
2 EL Orangeat (nach Belieben)
Butter für die Formen

• Am Vortag die Milch, den Honig und den Zucker in einem Topf erhitzen und rühren, bis sich der Zucker gelöst hat. Kurz vor dem Siedepunkt den Topf vom Feuer nehmen und die Flüssigkeit abkühlen lassen.
• Das Roggen- und das Weizenmehl zusammen in eine Schüssel sieben und in die Mitte eine Vertiefung drücken. Etwa drei Viertel der Honigmischung und die beiden Eigelbe hineingeben und mit einem Holzlöffel nach und nach mit dem Mehl vermischen. Zu einem glatten Teig schlagen.

• In einer kleinen Schüssel die Gewürze mit dem Natron und dem Orangeat vermischen, mit der restlichen Honigmischung verrühren und in den Teig einarbeiten. Den Teig mit Frischhaltefolie abdecken und über Nacht in den Kühlschrank stellen.
• Am nächsten Tag den Teig Raumtemperatur annehmen lassen. Den Ofen auf 160 °C vorheizen.
• Zwei etwa 10 cm hohe Kastenformen von 22 × 14 cm fetten, mit Backtrennpapier auslegen und den Teig einfüllen. Etwa eine Stunde backen, bis ein an der Seite des Kuchens eingestecktes Holzstäbchen glatt wieder herauskommt. (Der Lebkuchen soll in der Mitte noch etwas weich sein.) In der Form abkühlen lassen. Dann aus der Form lösen und das Papier abziehen. Der Kuchen hält sich etwa 1 Monat in einer Blechdose. In Scheiben aufschneiden und mit Butter bestreichen.

Hypocras

Gewürzwein

Wein wurde im Mittelalter oft mit Honig gesüsst und mit Gewürzen aromatisiert. An diese Tradition haben die Honigproduzenten in Burgund wieder angeknüpft. (Abbildung gegenüber)

FÜR 2 FLASCHEN VON JE ¾ LITER
2 l weisser Burgunder
125 g Honig
1 Zimtstange
2 Gewürznelken
2 Sternanis
1 Vanilleschote, aufgeschlitzt

• Den Wein mit dem Honig vermischen. Je ½ Zimtstange, 1 Nelke, 1 Sternaniskapsel und ½ Vanilleschote in 2 saubere trockene Flaschen geben und mit dem Wein auffüllen. An einem dunklen kühlen Ort einige Wochen ruhen lassen.

Gâteau aux raisins

Rosinenkuchen

Ein einfacher traditioneller Kuchen, der sich besonders zum Nachmittagskaffee eignet. (Abbildung gegenüber)

FÜR 8 BIS 10 PORTIONEN
85 g Sultaninen
4 EL Marc de Bourgogne oder Cognac
450 g weiche Butter
450 g Zucker
6 Eier
600 g Mehl
2 TL Backpulver
¼ l Milch
2 TL Vanilleextrakt
Butter zum Ausstreichen der Form

• Den Ofen auf 180 °C vorheizen. In einer Glasschale die Sultaninen etwa 1 Stunde im Marc einweichen. Eine Kastenform von 24 cm Länge mit weicher Butter ausstreichen.
• In einer grossen Schüssel die Butter mit dem Zucker cremig rühren. Die Eier nacheinander einrühren.
• Etwa ⅓ des Mehls mit dem Backpulver vermischt in die Schüssel sieben und zusammen mit ⅓ der Milch einrühren. Fortfahren, bis Mehl und Milch aufgebraucht sind. Die Sultaninen aus dem Marc heben, abtropfen lassen und unter den Teig mischen.
• Den Teig in die vorbereitete Form füllen und eine Stunde backen, bis ein in die Kuchenmitte gestecktes Holzstäbchen sauber wieder herauskommt. Den Kuchen in der Form abkühlen lassen. Danach aus der Form lösen.

Poires belles dijonnaises

Birnen in Rotwein mit Crème de Cassis und Dörrzwetschgen

FÜR 4 PORTIONEN
4 schöne aromatische Birnen, geschält, aber mit Stiel
½ l roter Burgunder
3 EL Zucker
4 EL Crème de Cassis
1 Zimtstange
8 Dörrzwetschgen
85 g Mandelblättchen als Garnitur

• Die ganzen Birnen aufrecht in einen Topf stellen und den Wein angiessen. Falls nötig, noch mit etwas Wasser auffüllen, damit die Birnen bedeckt sind. Den Zucker, den Crème de Cassis, die Zimtstange und die Dörrzwetschgen zufügen. Unter vorsichtigem Rühren, bis sich der Zucker gelöst hat, zum Kochen bringen. Auf kleiner Flamme die Birnen 15–20 Minuten nicht zu weich pochieren. Vom Feuer nehmen und im Pochierfond abkühlen lassen.
• Inzwischen die Mandelblättchen in einer ungefetteten Pfanne 3–4 Minuten hell anrösten.
• Die Birnen in eine grosse Servierschale geben. Die Zimtstange entfernen und die Birnen mit dem Weinsirup überziehen, mit den Dörrzwetschgen umlegen und mit Mandelblättchen bestreuen. Dazu Vanilleeis servieren.

Crème de cassis

Schwarzer Johannisbeerlikör

Diesen Likör kann man entweder mit Wasser oder gut gekühltem Weisswein (Aligoté) verdünnt trinken. Das Rezept bekam ich von Madame Tilquin. Es stammt von ihrer Grossmutter, die professionell Branntwein herstellte.

2,5 kg schwarze Johannisbeeren, ungewaschen
2,5 l roter Burgunder
Zucker
75 ml Pflaumenschnaps oder Wodka

• Die schwarzen Johannisbeeren in einer grossen Glasschüssel mit dem Wein bedeckt wenige Tage kühl und dunkel stellen, dabei jeden Tag einige Male umrühren.
• Die Beeren mit dem Löffelrücken zerdrücken und alles durch ein feines Nylonsieb in eine Glas- oder Porzellanschüssel pressen. Anschliessend durch ein Filtriertuch in ein anderes nichtmetallisches Gefäss laufen lassen.
• Die Flüssigkeit abwiegen und Zucker im gleichen Gewicht zufügen. Solange rühren, bis sich der Zucker gelöst hat. In einem emaillierten Topf kurz aufkochen und vom Feuer nehmen.
• Nach dem Abkühlen den Schnaps einrühren. In angewärmte saubere und trockene Flaschen füllen und versiegeln. Etwa zwei Monate kühl und dunkel stellen und danach innerhalb von sechs Monaten verbrauchen.

Links: In Marc eingelegte Früchte.
Gegenüber: Im Mittelalter war die Abteikirche
von Cluny die grösste der Christenheit. Nach der
Französischen Revolution wurde sie
vom Rat der Stadt als Steinbruch verkauft. Doch die
hochaufstrebenden Gewölbe vermitteln noch
immer einen Eindruck ihrer früheren Grösse. Einst
gehörte der Abtei die ganze Stadt sowie die Weinberge
von Chambertin, Meursault und Saint-Amour.

Oben: Ein frühmorgendlicher Blick
von einem Fischerkahn über die Saône. Berufs- und
Hobbyfischer fischen dort Aale, Weissfische, Waller,
Zander, Hechte und Flussbarsche.
Darunter: Ein blühendes Sonnenblumenfeld.
Rechts: Blick auf Saint-Laurent, das gegenüber von
Mâcon an der Saône liegt. Mâcon ist eine warme,
lebendige Stadt mit gut besuchten Cafés und
Restaurants an den Quais. Auf der Place aux Herbes
gibt es einen Markt und in der Rue Carnot gute
Delikatessengeschäfte und Bäckereien.

Saône-et-Loire

Das südliche Burgund besteht aus einer Anzahl Regionen, die alle sehenswert und von unterschiedlichem Charakter sind. Dazu gehören das Charolais, das Brionnais, das Clunisois, das Mâconnais, die Bresse, die Louhannaise und die Côte Chalonnaise. Es ist ein Land des Überflusses, gesegnet mit den Gaben der Natur. In den grossen Klöstern der Region spiegelt sich der Reichtum und die Bedeutung, die sie seit dem Mittelalter hatte. Die im Jahre 910 gegründete Abtei von Cluny besass einst die grösste Kirche der Christenheit. Sie war das geistige Zentrum Europas. Im 13. Jahrhundert lebten über zehntausend Benediktinermönche in über tausend Klöstern in ganz Europa nach den Regeln von Cluny. Die Abtei selbst war so gross, dass während des Besuches von Papst Innozenz im Jahre 1245 dort mehr als zweitausend Gäste beherbergt werden konnten. Die ganze Stadt gehörte der Abtei, ebenso wie das umliegende Land und die Weinberge. Zwischen 1798 und 1823 wurde diese grossartige Abtei fast völlig zerstört. Heute durchquert eine Strasse der Stadt das einstige Hauptschiff der Kirche. Obgleich Cluny heute nur noch ein Schatten seiner einstigen Grösse ist, lebt das geistliche Leben der Gegend fort in religiösen Zentren wie Taizé und dem buddhistischen Tempel von Plaige bei Toulon-sur-Arroux.

Nach der lieblichen Landschaft des Clunisois durchquert die Strasse das Tal des Flusses Grosne und führt dann aufwärts nach Chalon. Vorbei am Schloss von Cormatin gelangt man oben in den Hügeln zum mittelalterlichen Dorf und Schloss von Brancion. Von Brancion nach Le Creusot und ostwärts bis zu den ersten Weindörfern und Weingütern der Côte Chalonnaise erstreckt sich flaches Land.

Die Hauptverkehrsader von Südburgund ist die Saône. Die Loire begrenzt die Region im Westen. In den malerischen Städten Chalon-sur-Saône und Tournus sind die Häuser schmal und hoch, während in Mâcon Stuckwerk in bunten Farben schon einen südlichen Einfluss verrät.

Das Mâconnais ist eine Region von Rebhügeln und Viehweiden. Wie weiter östlich in der Bresse sind auch hier Getreide, Zuckerrüben, Gemüse und Geflügel die Haupterzeugnisse der Landwirtschaft. Südlich von Mâcon liegt das Beaujolais, ein Land mit hohen Hügelketten, dicht bewaldeten Kuppen, rebenbestandenen Hängen und von Wasserläufen durchzogenen Tälern. Hier in dieser südlichsten Ecke von Burgund reifen Obst und Gemüse mindestens drei Wochen früher, und der Wein schmeckt anders als im restlichen Burgund. Die Weine aus dem Beaujolais sollen im Gegensatz zu anderen Burgundern jung getrunken werden. Sie wurden einst fast ausschliesslich als billige Konsumweine für die durstigen Leute von Lyon produziert. Heute jedoch sind sie weltweit gefragt.

Aus den verschiedenen kulinarischen Traditionen der Region entstand über die Jahrhunderte eine der besten Küchen der Welt. Viele berühmte Köche haben in Lyon, Vonnas oder Roanne bei Superköchen wie Bocuse, Blanc und den Troisgros ihre Ausbildung erhalten.

An den Ufern von Saône, Doubs und Seurre scheinen sich die Restaurants seit Anfang dieses Jahrhunderts nicht verändert zu haben. Sie ähneln den impressionistischen Bildern von einem Sonntag an der Seine. Man kann dort Spezialitäten aus den Flüssen essen: *friture de la Saône* (fritierte kleine Weissfische), Aale, *pochouse* (Fischragout) und gebratene Froschschenkel.

Jenseits der Saône liegt die Bresse. Ihr Zentrum ist der alte Salzhafen Louhans an den Flüssen Seille und Solnan. Die Ebene der Bresse ist durchzogen von Flüssen wie dem Doubs und der Saône. Sie ist durchsetzt mit einem Netzwerk von Teichen, die überreich an Fischen sind. Das Land ist flach. Es gibt wenig Gestein, daher wurden dort früher die Häuser aus Lehm und Stroh gebaut. Entlang der kleinen Landstrassen stehen viele noch heute bewohnte alte Bressaner Häuser mit ihren hohen Schornsteinen, Sarazenen genannt. Der Kamin unterteilt den Hauptraum. Das Essen wurde in der *crémaillère* gekocht, einem Kessel, der an einem Haken über dem Feuer hing. Heute bedeutet der Ausdruck «pendre la crémaillère» (den Kessel über das Feuer hängen) ein Fest zur Einweihung einer Wohnung geben. Unter den weit überhängenden Dächern wurden die Maiskolben zum Trocknen aufgehängt. Noch heute wird hier Mais gepflanzt, und Maiskolben hängen dekorativ an den Hauswänden. Die Bewohner der Bresse wurden früher «Ventres jaunes» (Gelbbäuche) genannt, da ihr Hauptnahrungsmittel aus einem Brei aus *gaudes* (geröstetem Maismehl) bestand. Sowohl die Bresse wie das Charolais im Westen haben sich jetzt auf die Rinder-, Schweine- und Geflügelzucht spezialisiert.

Geflügel aus der Bresse

Die Hühner, die in der Bresse gezogen werden, sind sicherlich die berühmtesten der Welt. Ihnen wurde die grosse Ehre einer *Appellation d'origine contrôlée* (A.O.C.) zuteil. Diese bezieht sich auf ein Gebiet von dreitausendfünfhundert Quadratkilometern um Saint-Trivier-des-Courtes. Alle Bressehühner, die ausserhalb dieses Gebietes aufgezogen werden, haben kein Anrecht auf die *Appellation*. Ein Ring am rechten Fuss jedes Huhnes trägt den Namen und die Adresse des Brutbetriebes und ein rot-weiss-blaues Siegel am Hals den Namen des Aufzuchtbetriebes. Das A.O.C.-Etikett vom Comité Interprofessionel des Volailles de Bresse (CIVB) garantiert, dass das Geflügel aus der Bresse stammt und zeigt an, ob es ein Hähnchen, eine Poularde oder ein Kapaun ist. Die Küken werden in drei grossen Brütereien ausgebrütet und dann an die Bauern verkauft, die sie aufziehen und ihrerseits an die Händler weiterverkaufen. Man gibt den Bressehühnern mit Absicht knapp Futter, so dass sie im Freien nach Insekten, Schnecken und Würmern suchen müssen. Nachts sind sie in Hütten aus Holz oder Plastik untergebracht. Den Tag verbringen sie im Freien.

Bressehühner sind eine halbzahme Rasse, die in Batteriehaltung nicht gedeihen würde. Es gibt etwa sechshundert Produzenten, von denen viele nur wenige Hühner aufziehen. Andere dagegen wie Thierry Jalley leben davon. Er und seine Frau Claire begannen 1985 mit der Aufzucht von Bressegeflügel. Damals hatte Thierry fünf Hektar Land, heute hat er fünfzig. Man muss viel Land haben, sagt er, denn die Hühner brauchen Auslauf und fressen nicht nur Weizen und Mais, sondern auch zartes junges Gras.

Thierry hat immer etwa zwölftausend Hühner in der Aufzucht. Die Küken bekommt er, wenn sie einen Tag alt sind und etwa vierzig bis fünfzig Gramm wiegen. Nach fünfzehn Tagen dürfen sie zum erstenmal nach draussen. Danach verbringen sie fünf Wochen im Freien, wo jedem Huhn ein Auslauf von etwa zwanzig Quadratmetern zusteht. Ein leichter Duft nach

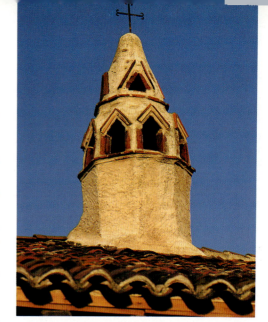

Oben: Im kleinen Dorf La Mulatière bei Mâcon steht ein Bressaner Haus mit einem typischen Sarazenen-Schornstein. Der Schornstein befindet sich in der Hausmitte über dem Herd, der früher sowohl zum Kochen wie zum Heizen benutzt wurde.

*Oben: Ein Fischer auf einem stillen Gewässer
bei Verdun-sur-le-Doubs.
Links: La Grange aux Carrons ist eine typische
Bressaner Scheune mit überhängendem Dach
und einem Fachwerk aus Eichenbalken, das
mit Ziegeln ausgefüllt ist.*

Bressehühner

*Bressehühner sind unverwechselbar mit
ihrem leuchtendweissen Gefieder, den zartblauen
Füssen und den tief gezackten feuerroten Kämmen.
Im 19. Jahrhundert schrieb Brillat-Savarin,
berühmter Gastrosoph und Sohn Burgunds, über das
Geflügel: «Hühner sind für die Küche, was für den
Maler die Leinwand oder für den Scharlatan
das Wunschhütlein des Fortunatus ist: Sie werden
gesotten, am Spiess oder in der Pfanne gebraten, heiss
oder kalt, ganz oder in Stücken, mit oder ohne
Sauce, entbeint, gehäutet oder gefüllt serviert – und
jedesmal mit dem gleichen Erfolg.» Damit der feine
Geschmack des Fleisches nicht verlorengeht,
isst man eine Bressepoularde am besten nur mit einer
einfachen Rahmsauce oder gebraten. Beim Braten
muss das Fleisch sorgfältig mit dem Bratensaft
begossen werden, damit es nicht austrocknet.
Berühmte Köche der Region haben spezielle Rezepte
für Bressepoularden kreiert. So bereitet Paul Bocuse
in seinem Restaurant bei Lyon eine Bressepoularde
in einem grossen Kürbis zu und serviert sie mit rotem
Camargue-Reis und einem Kürbisgratin.*

*Rechts oben: Ein Fischragout (Pochouse)
aus Süsswasserfischen und säurebetontem Wein aus
der Noah-Traube, vom Restaurant Trois Maures
in Verdun-sur-le-Doubs zubereitet.
Rechts unten: Zum Trocknen aufgehängte
Maiskolben unter dem Dach eines Hauses bei Saint-
Germain-du-Bois.*

Der Markt am Montag morgen in Louhans
zieht sich durch die Grande Rue bis auf die Place de
Gaulle und die Place Thibert hin. Die Händler
mit lebendem Getier, besonders die Bauern
mit den Bressehühnern, hatten hier seit jeher die
Oberhand über jene mit Kleidern, Ziegenkäse,
Obst, Gemüse und Kräutern. Heute werden allerdings nur noch wenige Bressehühner auf dem Markt
verkauft, da die meisten Bauern die Hühner direkt
an Metzgereien und besondere Schlachthöfe liefern.
Auf dem Markt gibt es jedoch noch eine grosse
Auswahl an Kleintieren zu sehen, und das lebhafte
Feilschen, bevor man handelseinig wird, ist
amüsant zu beobachten.

blühender Kamille umschwebt die Hütten, aus denen die kleinen Küken hinein und hinaus ins hohe Gras laufen. Wenn eine neue Gruppe Küken ankommt, werden die Laufställe jeweils auf frische Grasflächen gesetzt.

Bevor die Hühner verkauft werden, kommen sie aus dem Freien in Holzställe. Dort werden sie zwei Wochen bis einen Monat mit Mais, Weizen und Milchpulver gemästet. Hähnchen sind mit vier Monaten schlachtreif, Poularden mit fünf Monaten, nachdem sie einen Monat lang gemästet wurden. Die mit sechs bis acht Wochen kastrierten Kapaune kommen im allgemeinen erst an Weihnachten auf den Markt, wenn sie mindestens acht Monate alt sind. Am besten isst man die Bressehühner in einer *ferme auberge*, in Les Plattières in Sainte-Croix-en-Bresse oder bei Groboz in Villemotier, wo man allerdings im voraus buchen muss, oder aber an den Markttagen im Marktcafé in Louhans.

Viehmärkte

In Louhans wird jeden Montag ein Markt abgehalten, der morgens um halb acht mit der Ankunft der Geflügelhändler beginnt. Ursprünglich war er hauptsächlich ein Rinder- und Schweinemarkt. Heute ist er ein Zentrum für den Handel mit Bressehühnern. Doch auch Tauben, Kaninchen, manchmal eine Ziege und vor Weihnachten Puten und die raren Bressekapaune werden angeboten. Unter den Marktarkaden aus dem 15. und 16. Jahrhundert wird vor allem frisches Gemüse, Obst, Wurstwaren, Honig und Ziegenkäse feilgeboten.

Der andere wichtige Viehmarkt in Südburgund ist der Markt in Saint-Christophe im Brionnais, der jeden Donnerstag stattfindet. Hier spezialisiert man sich auf den Verkauf von Charolaisrindern. Das erste schriftliche Zeugnis über diesen Markt wurde in einem Brief von 1488 gefunden, in dem Karl VIII. einem Jean de Tenay aus Saint-Christophe die Rechte verlieh, bis in alle Ewigkeit dreimal im Jahr einen Markt abzuhalten. In Frankreich gibt es nur noch dreissig weitere Rindermärkte; jener in Saint-Christophe ist der grösste für Charolaisrinder. (Der Markt in Moulins-Engilbert im Morvan ist kleiner. Dort werden nur etwa dreihundert Rinder verkauft, in den Auktionen in Saint-Christophe jedoch etwa tausend jede Woche.)

Der Markt in Saint-Christophe wurde ursprünglich auf der ungewöhnlich breiten Strasse in der Mitte der Stadt abgehalten, was zu zahlreichen Klagen über den Lärm und den Schmutz führte. Daher kaufte die Stadt zu Beginn dieses Jahrhunderts ein Feld an der sogenannten «Geldmauer», an der der Handel abgeschlossen wurde. Darauf wurde eine überdachte, eingezäunte Anlage errichtet. In einem modernen Gebäude inmitten dieser Anlage treffen sich die Händler. Hier können sie telefonieren, ihre Verträge abschliessen und Preisabsprachen treffen. Zu festgesetzten Zeiten werden jeden Donnerstag die einzelnen Viehgruppen – Bullen, Färsen und Kälber – verkauft.

Charolaisrinder sind eine unverwechselbare und imposante Rasse, die heute auch ausserhalb Frankreichs sehr bekannt ist. Sie sind reinweiss mit weissen Hörnern und rosigen Nüstern. Sie haben grosse Augen und mächtige Köpfe, ungewöhnlich lange Rücken und massige Körper. Reinrassige Charolaisrinder werden registriert und bekommen eine Erkennungsnummer. Ihre Fütterung und Haltung wird genau überwacht: Sie müssen im Freien gehalten werden und grasen auf den saftigen Weiden des Brionnais und Charolais. In den Metzgereien wird ihr Fleisch

Viehmäster

In den beiden benachbarten Regionen Charolais und Brionnais sind einander ergänzende Berufsgruppen entstanden – die Viehzüchter und die Viehmäster. Bereits im 18. Jahrhundert wurden die Bauern im Brionnais durch den Handel mit Charolaisrindern reich. Henri Velut (oben) ist ein Rindermäster aus Saint-Christophe, einer der letzten einer schnell verschwindenden Zunft. Er kauft Jungvieh und zieht es auf seinen Weiden gross, um es dann wieder zu verkaufen.

Ein fettes Rind in bestem Zustand wiegt etwa achthundert Kilogramm und ergibt etwa fünfhundert Kilogramm Fleisch. Henri erinnert sich an ein erstaunliches Rind, das neunhundertfünfundneunzig Kilogramm wog. Es hatte Persönlichkeit. Es kam, wenn es gerufen wurde und liess sich von seinen Kindern reiten. So ein Tier hat man nur einmal im Leben, und Henri mochte es nicht verkaufen, bis er dann ein zu verlockendes Angebot bekam. Mit Bedauern brachte er es zum Schlachthof und beruhigte es noch, bevor es geschlachtet wurde. Er beteuert zwar, dass er gegenüber seinen Rindern keine Emotionen hat, doch hat er offensichtlich eine Beziehung zu ihnen, denn als er mir seine Herde zeigte, kamen viele Tiere heran, um sich von ihm streicheln zu lassen.

durch ein rotes Charolais-Etikett gekennzeichnet. Die Anzahl der Rinder, die in den Handel kommen, variiert von Woche zu Woche. Doch im Sommer sind es gewöhnlich etwa tausend Stück, darunter Ochsen, Jungbullen, Färsen und Kälber. Die Züchter, ob jung, ob alt, haben Stöcke in der Hand, tragen Gummistiefel und blaue Kittel, die den traditionellen weiten Bauernkitteln ähneln. Die Luft ist erfüllt vom Muhen der Rinder, während die Käufer prüfend zwischen ihnen hindurchschlendern und Grösse und Gewicht der einzelnen Tiere prüfen: Wenn das Tier massig gebaut ist und gut gerundete Keulen hat, ist es schnell verkauft. Sobald der Preis ausgehandelt ist, werden die Tiere in einen Pferch getrieben, aus dem sie dann auf die wartenden Lastwagen verladen werden. Das kann sowohl für die Tiere wie für die Menschen eine kritische Zeit sein. Es kommt oft vor, dass ein Bulle in Panik gerät und in die entgegengesetzte Richtung läuft, verfolgt von einem stockschwenkenden Käufer, während sich die Umstehenden in Sicherheit bringen.

Die Preise, die auf diesem Markt gezahlt werden, bilden die Grundlage für den Preis für Charolaisrinder in ganz Frankreich. Der Markt macht hohe Umsätze, da die Rinder hohe Preise erzielen. Als man vor zwanzig Jahren das Vieh noch bar bezahlte, wurde einmal an einem Markttag – allerdings erfolglos – versucht, die örtliche Bank auszurauben. Schon damals war jedes Rind ungefähr achttausend französische Francs wert – das hätte den Räubern eine hübsche Summe eingebracht!

Im Café auf dem Markt fühlt man sich in ein zeitloses ländliches Frankreich versetzt. Männer sitzen gebeugt an den Tischen und rauchen, trinken Kaffee oder Wein. Sie erörtern die Preise und vergleichen die Käufe und Verkäufe des Tages. Im Café wird eine örtliche Spezialität

Oben: Charolaisrinder vor dem Verladen.
Mit der Zucht dieser Rasse begann man im 17. Jahrhundert im Arconce-Tal bei Charolles. Ursprünglich waren es Milchkühe, inzwischen hält man sie nur noch wegen ihres zarten mageren Fleisches. Heute gehören fast die Hälfte aller Rinder in Frankreich dieser Rasse an.
Darunter: Potentielle Käufer mustern mit Kennerblick gut gemästete Rinder.
Rechts: Zum Marktschluss wird von einem Komitee der wöchentliche Viehpreis als für ganz Frankreich geltender Index festgesetzt.
Ganz rechts: Charolaiswidder auf dem Gut der de Launay in der Nähe von Palinges.

serviert, Bouilli de Saint-Christophe (Rezept Seite 123). Das Rezept stammt noch aus der Zeit, als man das Vieh in der Nacht zu Fuss auf den Markt trieb. Damals brauchte man ein kräftiges Essen, bevor man sich wieder auf den langen Heimweg machte.

Das Charolaisrindfleisch ist zart und benötigt im allgemeinen keine komplizierte Zubereitung. Man isst es am besten als Filet, als Entrecôte oder in einem Pot-au-feu. Im Restaurant La Fontaine in Châteauneuf (siehe Seite 112) habe ich ein vorzügliches Filet mit einer klassischen Rotweinsauce gegessen, in die statt Butter ein Schuss Haselnussöl eingerührt war, was der Sauce eine besondere Note verlieh.

Das Charolais ist nicht nur für Rinder, sondern auch für Schafe ein ausgezeichnetes Zuchtgebiet. Als französische Viehzüchter um 1820 nach England kamen, um Bullen aus Durham zur Verbesserung der Zucht ihrer Charolaisrinder einzukaufen, nahmen sie auch Dishley-Schafböcke aus Leicestershire mit nach Hause. Diese kreuzten sie dann mit den heimischen Rassen, woraus die heutigen Charolaisschafe hervorgingen. Ungefähr hundertvierzig Jahre später erkannte François de Launay aus Palinges deren Möglichkeiten und begann, sie in grösserem Umfang zu züchten. Es sind Schafe von ungewöhnlicher Grösse und Widerstandskraft: die Mutterschafe können bis zu neunzig Kilogramm und die ausgewachsenen Böcke bis zu hundertdreissig Kilogramm wiegen. In den frühen sechziger Jahren gab es nur vierundzwanzig Züchter dieser Rasse in Frankreich; heute sind es zweihundertdreissig. Die Schafböcke werden zur Zucht in alle Welt exportiert.

Ziegenkäse

In Saint-Denis-de-Vaux im Herzen der Côte Chalonnaise liegt der Hof von Christian Donet, einem Ziegenzüchter aus Passion. Schon als Kind wollte er Ziegen haben und Ziegenkäse machen. Im Jahre 1991 wurde sein Kindheitstraum Wirklichkeit, und heute ist er Präsident der Producteurs de Fromages Caprins von Saône-et-Loire. Die Herstellung von Ziegenkäse ist schwieriger als die von Kuhmilchkäse. Die Nachfrage steigt von Jahr zu Jahr, doch die Ziegenmilchproduktion nimmt ständig ab. Für jeden kleinen runden Mâconnais-Käse benötigt man einen Liter Ziegenmilch und für den grösseren zylindrischen Charollais zwei bis drei Liter. Der Ziegenkäse aus dem Charollais soll in Kürze eine Appellation d'origine contrôlée erhalten. Die Käse tragen einfach den Namen des Dorfes oder der Gegend, in der sie gemacht werden. Die Ziegen werden im Frühling auf die Weiden gebracht und erst im Herbst wieder zurück auf den Hof getrieben. Sie müssen ständig mit reichlich frischem Gras versorgt werden, da Heu dem Käse nur einen wenig ausgeprägten Geschmack verleiht. Donet sprach so liebevoll von seinen Ziegen, dass es mich überraschte, dass er im Winter aus Ziegenfleisch auch Wurst macht.

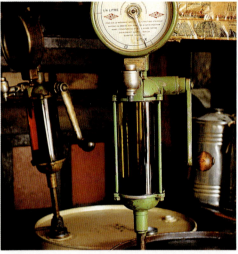

Öl

Versteckt in den Hügeln des Brionnais liegt
das winzige Dorf Iguerande, das für seine romanische
Kirche berühmt ist. In seiner Nähe befindet sich
eine alte Ölmühle, die Huilerie Leblanc, die das beste
Öl in der ganzen Gegend produziert. Sie wurde
im Jahre 1878 vom Urgrossvater des jetzigen Direk-
tors, Jean-Charles Leblanc, gegründet und beliefert
heute Restaurants in aller Welt. Früher wurden
hauptsächlich Rapsöl und Walnussöl zum Kochen
verwendet. Heute presst Leblanc ausser diesen
noch Oliven- und Haselnussöl und seit neuestem auch
Pistazien- und Mandelöl (rechts Mitte und unten).
Die Ölfrüchte werden langsam zwanzig Minuten lang
zwischen alten Granitmahlsteinen zermahlen (oben).
Die entstandene Paste, die sich besser verarbeiten
lässt als eine aus einer automatischen Mühle, wird
danach leicht geröstet und anschliessend vorsichtig
ausgepresst. Die Flaschen werden mit Spezialpumpen
gefüllt (oben rechts). Jean-Charles sagte mir,
dass sich der neue Trend zu leichten Salatmahlzeiten
äusserst günstig auf sein Geschäft auswirkt.

Oben: Bernard Jacques beim Einholen der Fangkörbe
mit Flusskrebsen.
Darüber: Die Familie Jacques schüttelt Weissfische
aus den Netzen, die im Morgengrauen aus der
Saône gezogen wurden.

Oben: Zum Trocknen an den Bäumen aufgehängte Netze im Garten von Bernard Jacques. Wo sie im Fluss ausgeworfen werden, hängt von der gewünschten Fischart, der Strömung und der jeweiligen Jahreszeit ab.

Wild

Jeden Sonntag morgen während der Jagdsaison hallen die Wälder des Charolais und des Brionnais von Gewehrschüssen wider. Die Wälder sind überreich an Wild – Rotwild, Wildschweine, Hasen und Wildgeflügel. Es ist nichts Ungewöhnliches, Rehe und Wildschweine in der Dämmerung auf den Wiesen zu erblicken. Früher erlaubte der Schlossherr, der *châtelain*, seinen Bauern, jeweils zu Ostern Hasen zu schiessen. Das österliche Kaninchenessen ist wahrscheinlich ein Überbleibsel dieser Tradition.

Ein weiteres traditionelles Gericht aus der Gegend ist ein Ragout aus Herz, Lunge und Leber von frisch erlegtem Wildschwein, die in Rotwein geschmort werden; dazu prostet man sich natürlich mit rotem Burgunder zu. Ein ähnliches Ragout wird am Schlachttag aus den Innereien von Lamm oder Schwein zubereitet. Diese Gerichte entsprechen zwar den örtlichen Traditionen, sind aber heute nicht mehr jedermanns Geschmack.

Die Jagd mit dem Gewehr ist zwar die allgemein praktizierte, doch daneben gibt es in Südburgund vier Hetzjagden zu Pferd. Eine davon wird von Yves de Maigret veranstaltet, einem Züchter von Charolaisrindern. Während der Jagdsaison, die vom 15. September bis zum 1. April dauert, jagen er und seine Frau mit fünf bis fünfundzwanzig Jagdgefährten zweimal in der Woche Schwarzwild, Füchse und Hasen in den Wäldern des Charolais. Grösseres Wild wird mit einer Meute von vierzig bis sechzig Hunden gehetzt, Hasen dagegen nur mit zwanzig. Im November, am Fest des Heiligen Hubertus, veranstaltet Yves de Maigret eine Hirschjagd mit sechs- bis siebenhundert Reitern und der entsprechenden Anzahl Hunden.

Frösche, Fische und Krebse

In den verschlafenen Dörfern des Südburgund sieht man manchmal sonntags in der Frühe kleine Jungen mit ihren Vätern zum Angeln an einen der vielen malerischen Flussläufe gehen. Die Augen auf den Schwimmer gerichtet, sitzen diese Sonntagsangler stundenlang am Ufer neben ihren reich gefüllten Picknickkörben.

Bis zum Zweiten Weltkrieg war die Fischerei auf der Saône von grosser wirtschaftlicher Bedeutung. Heute gibt es nicht einmal mehr dreissig Berufsfischer in Südburgund, und nur wenige von ihnen fischen in der Saône. Einer, der das noch macht, ist Paul Buisson. Er lebt im kleinen Dorf Montbelay, dessen Bewohner so eng miteinander verwachsen sind, dass bei jeder nur möglichen Gelegenheit ein grosses Festessen stattfindet. Früher fischte er in der Rhône, die jedoch heute so verschmutzt ist, dass er nur noch in der Saône fischen kann. Der Fluss ist seine Passion. Jeden Morgen um vier Uhr in der Frühe fährt er auf den Fluss hinaus, um die Netze einzuholen, die er am Abend vorher ausgelegt hat. Er beliefert die Restaurants der Umgebung und den Markt von Lyon mit Zander, Hecht, Karpfen und Schleie.

Ein weiterer Berufsfischer aus der Gegend ist Bernard Jacques. Er ist einer der wenigen, die noch nach Flusskrebsen fischen. Er fischt das ganze Jahr über in jedem Wetter. Schon bei Anbruch der Morgendämmerung ist er bei seinen Fangkörben und Netzen, bevor die Flussschiffe sie verheddern oder zerreissen können. Kleinere Flüsse wie der Doubs und die Seurre sind besser zu befischen, da es dort weniger Schiffsverkehr gibt und das Wasser sauberer ist.

Oben: Paul Buisson kehrt mit seinem Fang zurück.
Darunter: Das Umladen von lebenden Fischen.
Unten: Fangfrische Brachsen.

Im Sommer fischt Bernard Weissfische oder Güster auf Bestellung von Restaurants und Fischhändlern der Gegend für die Petite friture de la Saône. Dieser Schwarmfisch erscheint bei den ersten warmen Sonnenstrahlen im Frühling. Bernard fängt ihn mit feinen Netzen bei Tagesanbruch und löst ihn dann mit Hilfe seiner Frau und seines Neffen in seinem Hinterhof aus den Netzen. Sie machen die Fische küchenfertig und liefern sie dann an die Restaurants. Die *petite friture* wird zubereitet, indem die Fische zuerst in Bier getaucht, dann in geröstetem Maismehl *(gaudes)* gewendet und in Öl fritiert werden.

Die Krebse werden in kleinen Drahtkörben mit Fischen geködert und in den Fangkörben im Wasser gelassen, bis sie benötigt werden. Sie werden als eigenständiges Gericht oder zu Huhn gegessen. Man verwendet sie auch für eine Sauce Nantua, die zu Hechtklösschen serviert wird (Rezept Seite 118–119). Einige der Fischer haben mehr als tausend Fangkörbe im Fluss. Flusskrebse sind sehr gefragt, und Bernard könnte davon mehr, als er fängt, verkaufen. Er zeigt auf drei andere Fischer, die in Booten in der Nähe fischen: «Dort ist der Rest meiner Familie – mein Vater, mein Onkel und mein Bruder, wir alle sind leidenschaftliche Fischer.»

Frösche fangen ist ein Zeitvertreib, der in vielen französischen Romanen zur Kindheit gehört. Doch Frösche in der freien Natur zu fangen ist heutzutage in Frankreich verboten, da sie zur gefährdeten Tierart erklärt wurden. Die meisten Froschschenkel, die heute in Frankreich verzehrt werden, gehören zur Spezies *Rana rieuse.* Sie werden aus der Türkei und dem chemaligen Ostblock importiert. Sie sind fett, und Feinschmecker sagen, dass ihr Geschmack nicht mit dem der mageren französischen Frösche *(Rana temporia* und *Rana esculanta)* zu vergleichen ist.

Nördlich von Louhans in La Chapelle-Saint-Sauveur habe ich schliesslich Gilbert Morestin gefunden. Er ist der einzige Froschzüchter der Saône-et-Loire. Es gibt nur vier autorisierte Froschzüchter in ganz Frankreich, von denen sich zwei in Burgund befinden. Die Teiche, in denen die Frösche gezüchtet werden, liegen unter Bäumen und weitab von bestellten Feldern. Man hat nämlich herausgefunden, dass Frösche eingehen, wenn sie in Kontakt mit den beim Maisanbau in der Bresse verwendeten Pestiziden kommen. Im Frühjahr werden die Frösche zum Laichen in auszementierte Bassins gesetzt, wo sie zwischen fünfhundert und dreitausend Eier ablegen. Ungefähr fünfundneunzig Prozent überleben und sind in drei Jahren ausgewachsen.

Gilbert Morestin züchtet auch Fische in dreissig Teichen, die eine Fläche von etwa hundertfünfzig Hektar einnehmen. Die miteinander verbundenen Teiche wurden wahrscheinlich schon im späten Mittelalter angelegt. Im 16. Jahrhundert wurden Teile der Bresse und der Dombes unter Wasser gesetzt zum Schutz gegen heranziehende Feinde. Dies hatte Malariaepidemien zur Folge, so dass im letzten Jahrhundert die durchschnittliche Lebenserwartung in den sumpfigen Gebieten nur vierundzwanzig Jahre betrug. Viele Teiche wurden daraufhin trockengelegt, von denen einige aber in diesem Jahrhundert wieder neu angelegt wurden.

In Burgund werden Süsswasserfische auf vielfältige Art zubereitet. Die bekanntesten Gerichte sind *matelote*, Aal und andere Fische in Rotwein geschmort, und *pochouse*, ein mit Weisswein zubereitetes Fischragout (Rezept Seite 118). Karpfenfilets werden in einer Sauce meurette (Rezept Seite 82) serviert. In der Region gibt es mehrere Restaurants, die diese Fischgerichte und in Knoblauchbutter gebratene Froschschenkel anbieten, etwa das Beaurivage in Chauvort und das La Marine in Saint-Jean-de-Losne.

Gemüse

Noch vor wenigen Jahren gab es in der Umgebung von Chalon viele Gemüsegärtnereien.
Monsieur Maurice, der die besten Kräuter der Gegend zieht, tritt bald in den Ruhestand, und der Freitagsmarkt
auf der kleinen Place Saint-Vincent in Chalon wird dann keinen Kräuterstand mehr haben.
Jeannine Putigny (links) jedoch, deren Familie seit über fünfundzwanzig Jahren eine Gemüsegärtnerei
in der Nähe von Chalon betreibt, wird noch geraume Zeit ihre Erzeugnisse verkaufen. Jetzt, wo frische und erst-
klassige Zutaten für die Küche besonders gefragt sind, beliefert sie die meisten Sterneköche der Umgebung
mit Gemüse und Beerenobst. Morgens um halb sieben drängen sich ein halbes Dutzend Köche aus der Umgebung
an ihrem Stand, um einander die besten Produkte wegzuschnappen. Dass ihr die Arbeit draussen auf
dem Gemüsefeld Freude macht, kann man an dem ruhigen und zufriedenen Ausdruck ihres Gesichts ablesen.
Ihre Erzeugnisse fallen durch ihre besondere Qualität auf: knackiges Salatgemüse in allen Farben,
riesige Friséeköpfe, die mit Plastikhüten während des Wachstums bedeckt werden, damit ihre Herzen zart und
hell bleiben, saftige gelbe und rote Tomaten, Portulak, aromatische Himbeeren und duftende Melonen.
Ihr besonderer Stolz ist der Chicorée, den sie nach alter Art unter aufgehäufelter Erde zieht,
damit er vor der Sonne geschützt ist.

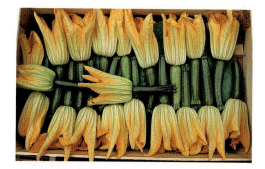

Unten: Liköre, Gewürzweine und Digestifs
wie der Suc Charolais sind Spezialitäten der Region.
Sie werden nach Rezepten aus dem 19. Jahrhundert
in der Distillerie Ducharne in La Clayette
hergestellt.

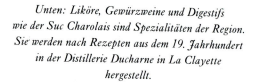

Oben: Der Markt am Freitagmorgen
auf der Place Saint-Vincent in Chalon. Rechts und
links daneben frisch gepflückte Zucchiniblüten
und Nektarinen.
Darunter: Eine enge Gasse in Cluny. Die Form der
Ziegel und der Dächer, die Farbe der Häuser und der
Fensterläden verraten schon den Einfluss des Südens.
Rechts: Eingelegtes Obst und Waldpilze in Honig
und Essig sowie aromatisierter Essig, die im Château
de l'Aubespin hergestellt werden.

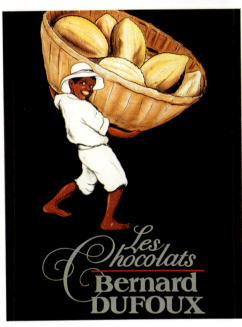

Viele Konditoreien der Gegend stellen ihre eigenen Pralinen her. In La Clayette gibt es einen der besten Chocolatiers von ganz Frankreich: Bernard Dufoux. Hier zeigt er ein Tablett mit frischen Pralinen, die mit feinem Blattgold verziert sind. Seine Kurse, in denen er Anfänger in der Herstellung von Konfekt unterrichtet, werden weltweit gerühmt.

Süsse Verlockungen

In der Vergangenheit waren *gaudes*, ein salzig oder süss gegessener Brei aus geröstetem Maismehl, eines der gängigsten Familiengerichte in Burgund. Heute ist es fast in Vergessenheit geraten, und nur wenige Mühlen stellen noch das Maismehl her, aus dem es zubereitet wird. Eine, die das noch tut, ist die Moulin Taron in Chaussin, die ein Maismehl mit köstlichem nussartigem Geschmack herstellt. Dieses wurde traditionell für Crêpes verwendet (siehe Rezept Seite 124–125). An eine besonders dickflüssige Variante dieses Breis, «matafaim» genannt (wörtlich übersetzt «Schachmatt dem Hunger»), erinnert sich die ältere Generation noch heute mit Behagen. Das geröstete Maismehl wird auch zum Kuchenbacken und für Sablé-Kekse verwendet.

In La Clayette, einer kleinen Stadt mit einem Schloss wie aus dem Märchen, befindet sich das Geschäft eines der besten Chocolatiers von ganz Frankreich, Bernard Dufoux. Nach einer Lehre bei Maurice Bernachon, dem berühmten Chocolatier in Lyon, machte er sich vor fünfunddreissig Jahren selbständig. In seinen beiden Geschäften in La Clayette verkauft er seine Pralinen, Eiscreme, Sorbets, Brioches aux praslines und einmal im Jahr am 15. August, dem Fest von Mariä Himmelfahrt, die traditionellen Brioches mit Dörrzwetschgen. Dufoux ist ein wohlbeleibter Mann, der von sich sagt, dass er am Tag mindestens vierhundert Gramm Schokolade isst. Er ist ein begabter Lehrer, der seine Besucher gerne in seine Küche führt, wo er jeden Mittwoch Kurse in der Pralinenherstellung abhält.

Er bezieht besonders aromatische Kakaobohnen aus Venezuela, Kolumbien und Ecuador. Zur Zeit experimentiert er gerade mit aromatisierter Schokolade wie etwa Zimtschokolade. Er stellt ausserdem eine Schokoladenmasse her, die er «Chocolat Foie gras» nennt und die aus Maronenpüree, Bitterschokolade und Mandelpaste besteht. Er empfiehlt, diese mit einem Himbeerpüree, einer Pistaziensauce oder einer heissen Schokoladensauce zu servieren.

Nicht weit von Dufoux' Laden befindet sich die kleine Brennerei Vinauger du Charne, die ihren Ursprung 1855 in der Hinterstube eines Lebensmittelladens hatte. Vor kurzem wurde sie von einem jungen Paar, den Ducharne, übernommen. Die alten Geräte hängen noch an den Wänden, und die alten Eichenfässer werden noch benützt. Fruchtsäfte und Fruchtsirupe werden auf traditionelle Weise hergestellt, und die kleine Firma ist bekannt für ihre Liköre nach altem Rezept: ihren Eau de noix, einen Nusslikör aus grünen Walnüssen aus dem Brionnais, ihren Liqueur de Vervaine, einen Eisenkrautlikör, und ihren Suc Charolais, einen Magenbitter.

Nordwestlich von Cluny in der Nähe von Saint-André-le-Désert befinden sich die Ruinen des Schlosses Gros-Chigy aus dem 13. Jahrhundert. Hier ist Marie-Luise Paccaud Emorine aufgewachsen. Um neue Arbeitsplätze in dieser Gegend zu schaffen, griff sie die traditionellen Rezepte wieder auf. Dabei begann sie zuerst mit der Herstellung von Marmeladen aus Früchten der Umgebung. Sie macht Konserven von in Marc de Bourgogne eingelegten Weinbergpfirsichen und Aperitifgetränke aus Pfirsichblättern, Wildkirschen und anderen Früchten.

Alles, was Madame Paccaud Emorine verkauft, ist selbst hergestellt. Obwohl sie erst wenige Jahre im Geschäft ist, sind schon verschiedene grosse Firmen an der Übernahme ihrer Erzeugnisse interessiert. Gros-Chigy hat jedoch noch eine weitere Attraktion: Man kann das Schloss mit seinen Verliesen, seinen Ställen und der alten Küche mit ihrem riesigen Kamin besichtigen.

Vincent Joblot spricht mit Begeisterung über die Natur und die Freuden des Weinbaus im Clos Salomon, einem seiner Weinberge in der Côte Chalonnaise. Joblots Premier cru Clos de la Servoisine geniesst besonderes Ansehen.

Die Weine des Südens

Unterschiede im Klima und in der Bodenqualität verleihen den Weinen des südlichen Burgunds einen Charakter, der von jenem der Weine des Nordens völlig verschieden ist. Einen ebenso bedeutenden Einfluss auf die Weine hat die Ausrichtung der Rebhänge: Während die Hänge der Côte de Nuits und der Region um Beaune nach Osten oder Südosten ausgerichtet sind, fallen die Hänge des Beaujolais, des Mâconnais und der Côte Chalonnaise nach Süden ab.

Dreiundsiebzig Prozent der gesamten Rebfläche des Burgunds liegen im südlichen Teil der Region. Diese Weinberge konzentrieren sich auf das Gebiet des Beaujolais – hier wird fast nur Wein angebaut. Doch Weinberge nehmen auch im Gebiet um Chalon und Mâcon eine beträchtliche Fläche ein. In der Vergangenheit war fast ganz Südburgund genauso wie der Norden mit Reben bepflanzt. Nach den Verheerungen durch die Reblaus und durch die beiden Weltkriege sind heute die Gegenden, die die Neuanpflanzung von Reben nur zögerlich vorangetrieben haben, von Landflucht und Verarmung betroffen, während sich das Mâconnais und das Beaujolais durch den Weinanbau wirtschaftlich wieder erholt haben.

Vom Felsen von Solutré, der berühmten Steilklippe, die sich über der Ebene der Saône und dem flachen Land der Bresse im Osten erhebt, sieht man auf den Hügeln und selbst auf den steilsten Abhängen nichts anderes als die Reben des Pouilly-Fuissé und des Mâconnais.

Die Côte Chalonnaise

Den Weinen der Côte Chalonnaise wurde erst kürzlich die *Appellation communale* zuerteilt. Die Weine werden aus den beiden klassischen Burgundertrauben gemacht: die Rotweine aus der Pinot-noir-Rebe und die Weissweine aus der Chardonnay-Rebe. Zwischen den Weinbergen erstrecken sich Weiden, Obstplantagen und Gemüsefelder.

Rully ist das traditionelle Zentrum des Crémant de Bourgogne, ein weisser Schaumwein, und in Bouzeron gibt es den besten Aligoté, vor allem jenen von der *domaine* von Aubert de Villaine, dem Co-Direktor der Domaine de Romanée-Conti. Auch Bouzeron wird bald die *Appellation communale* erhalten, was den Preis der dortigen Weine natürlich in die Höhe treiben wird.

Domaine Joblot

Die Weinberge unmittelbar ausserhalb von Givry bieten exzellente Wachstumsvoraussetzungen für die Reben. Vincent Joblot beschneidet seine Rebstöcke so, dass die Trauben viel Licht und Luft bekommen, und er verwendet keine chemischen Düngemittel. Pinot-noir-Reben sind schwierig zu ziehen. Damit die Reben die nötige Pflege erhalten, dürfen die Weinberge nicht gross sein. Joblot betont, dass man für guten Wein hart arbeiten muss.

Seine Rotweine haben das Aroma von Vanille und roten Johannisbeeren mit einem langen und gut ausgewogenem Abgang. Die Weissweine haben ein zartes und sehr fruchtiges Bukett. Da Joblots Produktion klein ist, sind seine Weinvorräte gewöhnlich jedes Jahr ausverkauft. Deshalb muss er in manchen Jahren seine Weine kontingentieren, noch bevor er sie abgefüllt hat.

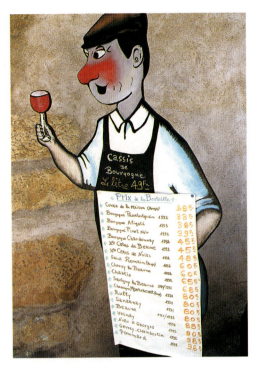

Domaine René Bourgeon

In der Nähe der Stadt Jambles nicht weit von Givry baut die Familie von René Bourgeon schon seit 1530 Wein an. Noch 1969 hatten sie nur einen Hektar, doch dank der Erfolge von René besitzen sie jetzt insgesamt acht Hektar Rebfläche. Durch Geduld und zähen Fleiss hat dieser Autodidakt eine Reihe von Auszeichnungen für seine Weine erhalten, darunter Goldmedaillen auf den Messen von Mailand und Paris.

Bourgeon wendet die biodynamischen Anbaumethoden nach Rudolf Steiner an. Er erklärte mir, dass in der Côte Chalonnaise ein Fehler gemacht wurde, als man in den siebziger Jahren die Vinifizierungsmethoden des Bordeaux übernahm. Auf seinem Weingut werden die Trauben noch von Hand gepflückt, danach bei niedrigen Temperaturen in offenen Bottichen vinifiziert und dabei täglich durchgemischt. Nur natürliche Traubenhefe wird dabei verwendet, da jedes *terroir* seine eigene Hefe hat, die eine spezifische Komponente des von dort stammenden Weines darstellt.

Renés roter Côte Chalonnaise, Givry und Givry *Premier cru* La Barraude gehören zu den besten Burgundern der achtziger Jahre. Die dunkelroten Weine haben ein elegantes Bukett und einen langen Abgang mit dem Aroma von schwarzen Johannisbeeren, Brombeeren, Kirschen und Himbeeren. Obgleich sie schon heute ausgezeichnet sind, werden sie in zehn Jahren noch viel besser sein. Ausserdem sind sie jetzt noch recht preiswert.

Oben links: An einem klaren Tag hat man vom Felsen von Solutré eine weite Sicht über die Weinberge von Mâcon und der Bresse bis zum Mont Blanc.
Unten: René Bourgeon produziert einen mit vielen Preisen ausgezeichneten Wein, den Premier cru *La Barraude.*

Marcel Lapierre

In einem alten Bauernhaus in der Nähe von Villié-Morgon produziert Marcel Lapierre (oben links) einige der besten Beaujolais- und Morgon-Weine. Seine Familie macht seit drei Generationen Wein, aber sie besass bis vor kurzem kein eigenes Land. Heute hat Lapierre neun Hektar, auf denen er Morgon, und einen Hektar, auf dem er Beaujolais produziert. 1978 begann er mit einer Cuvée grandpère zu experimentieren. Er folgte dabei den traditionellen Methoden von Jules Chauvet (einem der Begründer der Rückkehr zum traditionellen und organischen Weinbau). Marcel verwendet keine Chemikalien und verzichtet zum Erstaunen der Winzer sogar auf das Schwefeln beim Abfüllen des Weins. Nachdem die Trauben von Hand gepflückt und sorgfältig sortiert sind, lässt er sie eine bis drei Wochen fermentieren, ohne sie zu pressen. Die Trauben zuunterst werden auf natürliche Weise vom Gewicht der darüberliegenden Trauben zerdrückt. Dabei steigt der Saft nach oben und eine natürliche Fermentation setzt ein. Lapierre verzichtet so weit wie möglich auf das Chaptalisieren des Weines. Er lässt den Wein nur kurz im Fass, da das Holz den fruchtigen Charakter der Gamay-Traube trübt. Seine Weine sind jedes Jahr ausverkauft, und er hält nur einen kleinen Vorrat in seinem eigenen Keller.

Weiss- und Rotweine aus dem Mâconnais

Die Weine aus dem Mâconnais wurden schon vom römischen Dichter Ausonius besungen, doch erst durch die Mönche von Cluny entwickelte sich dort der Weinbau. Die vorherrschende Traubensorte in diesem südlichsten Teil von Burgund, wo das Klima mild und sonnig ist, ist die Gamay-Rebe. Westlich der Saône bis nach Cluny und von Tournus südwärts bis Mâcon erstreckt sich eine sanfthügelige Landschaft mit Weinbergen, Wiesen und Feldern. Westlich von Mâcon werden die Hügel höher und steiler, überragt von schroffen Felsen wie denen von Solutré und Vergisson. Einige der besten Weissweine des Burgunds – Pouilly-Fuissé, Pouilly-Vincelles, Pouilly-Loche und Saint-Véran – wachsen auf diesen steinigen Hängen.

Die Weissweine von Mâcon haben Frische und Finesse, die Rotweine sind erdig und einfach und sollten jung getrunken werden. Jedes Jahr im Mai wird in Mâcon eine Weinmesse abgehalten, auf der die Weine Burgunds präsentiert werden. Anlässlich der Messe findet im Lycée Agricole von Mâcon-Davayé ein Concours National des Vins de France statt. Über zwölftausend französische Weine sind vertreten und werden von eintausendzweihundert Prüfern begutachtet.

Oben: Eine Skulptur von zwei Trauben tragenden Winzern in Mâcon.
Mitte: Die bukettreichen Weissweine von Pouilly-Fuissé stammen aus Weinbergen unterhalb des Felsens von Solutré.

Jean-Jacques Vincent

Die Erfahrung von vier Winzergenerationen, ein akademischer Grad in Önologie und seine Lehrtätigkeit am Lycée Agricole von Mâcon-Davayé machen Jean-Jacques Vincent zu einem der versiertesten und besten Produzenten von Pouilly-Weissweinen. Er wohnt auf Château Fuissé am Rande des gleichnamigen Dorfes. Die Hänge der umliegenden Hügel des Mâconnais sind mit Chardonnay-Reben bepflanzt, die bis an die Mauern des Schlosses reichen. Die Trauben auf den dreissig Hektar, die Vincent gehören, werden von Hand gelesen und sofort gekeltert. In seinen Kellern türmen sich Reihen von Fässern, in denen der Wein reift. Die *cuveries* sind klimatisiert, und die Temperatur des Weines wird ständig überwacht.

Vincents Weine sind strohgelb und klar mit einem Aroma von Birnen und Haselnüssen. Es sind elegante charaktervolle Weine mit einem langen Abgang, die gut lagerfähig sind. Seine besondere *cuvée* von über sechzig Jahre alten Rebstöcken ist eine Köstlichkeit.

Beaujolais

Die Fahrt vom Felsen von Solutré südwärts ins Beaujolais ist eindrücklich. Die Strasse windet sich durch enge Täler und führt über Bergkuppen. Wo immer man hinsieht, wachsen Reben. Viele der Häuser sind neu oder kürzlich renoviert und verraten den Wohlstand, den der Wein brachte.

Das nördliche Beaujolais besitzt Granitboden, auf dem die Gamay-Rebe besonders gut gedeiht. Die zehn *crus* der Region, die *Appellations communales*, wachsen im Norden, während die einfacheren *Appellations régionales* Beaujolais-Villages und Beaujolais Supérieur aus dem sich südlich nach Lyon hin erstreckenden Gebiet stammen.

Unten: Hinweisschilder in Chénas.

La Fontaine

Châteauneuf, Tel. 85 26 26 87

Nach Lehrjahren bei so berühmten Köchen wie Bocuse, La Mère Brazier, Léon de Lyon, Ledoyen und Michel Guérard kehrte Jean-Yves Jury zu seinen Ursprüngen in das winzige Dorf Châteauneuf im Brionnais zurück. Jury ist im nahegelegenen Chaufailles geboren, wo seine Grossmutter als La Mère Gueneau bekannt war. Zu jener Zeit machten im Lyonnais die «Grossmütter» Furore: Frauen, die einen Familienbetrieb führten, wo sie herzhafte Hausmannskost von höchster Qualität anboten.

Die Jury kauften La Fontaine im Jahre 1988. Nach der schlichten Fassade wird man im Inneren von Mosaikarbeiten überrascht, die an die phantastische Architektur des Spaniers Gaudi erinnern. Yves kocht in der Tradition der *grandmères* heimische Gerichte aus heimischen Produkten – hinreissend gut und zu vernünftigen Preisen.

Timbale d'escargots aux lardons et à l'estragon

Schnecken in Estragonsauce mit Speckstreifen
(Abbildung links)

FÜR 4 PORTIONEN
4 Schalotten, fein gewürfelt
4 Zweige frischer Estragon, fein zerschnitten
3 EL weisser Burgunder
1 EL Rahm
150 g Butter
4 Dutzend Schnecken aus der Dose
3 Scheiben Räucherspeck, in Streifen geschnitten
1 Tomate, gehäutet, entkernt und gewürfelt
1 kleines Bund Schnittlauch, fein zerschnitten

• Die Schalotten und den Estragon im Wein auf kleiner Flamme 3 Minuten kochen lassen. Den Rahm und die Butter zufügen. Unter kräftigem Schlagen aufkochen und 5 Minuten kochen lassen. Die abgetropften Schnecken zufügen und 2 Minuten auf kleiner Flamme erhitzen.
• Die Speckstreifen knusprig braten, auf Küchenpapier entfetten und unterheben. Mit den Tomatenwürfeln und dem Schnittlauch bestreuen.

Tournedos de lapin aux morilles et aumônière de choux

Tournedos vom Kaninchen
mit Morcheln und Kohlbeutelchen
(Abbildung rechts)

FÜR 4 PORTIONEN
2 Kaninchenrücken, ausgelöst
Salz, frisch gemahlener schwarzer Pfeffer
325 g frische Morcheln
15 g Butter
3 EL weisser Burgunder
125 ml Kalbsfond

FÜR DIE KOHLBEUTELCHEN
1 Wirz (Wirsingkohl)
2 EL Olivenöl
1 Zwiebel, fein gewürfelt
200 g magerer Räucherspeck, gewürfelt
1 Knoblauchzehe, zerdrückt
2 Zweige frischer Thymian
1 Lorbeerblatt
Salz, frisch gemahlener schwarzer Pfeffer

ten, den Kohlbeutelchen und den Morcheln anrichten und mit der Sauce umgiessen.

Crème brûlée à la réglisse et aux fruits

Crème brûlée mit Früchten

Dieses Rezept ist eine moderne Version der vielgeliebten Crème brûlée. Die Lakritze ergibt einen reizvollen geschmacklichen Kontrast, kann jedoch auch durch Vanille ersetzt werden.

FÜR 4 PORTIONEN
6 Eigelb
30 g Lakritzpulver oder ½ TL Vanilleextrakt
200 g Rahm
120 g Himbeeren
120 g rote Johannisbeeren
1 Grapefruit, geschält und geviertelt
1 Kiwi, geschält und geviertelt
3 Aprikosen, geschält und geviertelt
200 g Erdbeeren, in Scheiben geschnitten
100 g schwarze Johannisbeeren
50 g brauner Rohzucker

• In einer Schüssel die Eigelb mit dem Lakritzpulver oder dem Vanilleextrakt verrühren. Den Rahm in einem kleinen Topf zum Kochen bringen und unter ständigem Rühren unter das Eigelb mischen. Die Masse zurück in den Topf geben und auf kleinster Flamme rühren, bis sie bindet. Die Creme vom Feuer nehmen und abkühlen lassen.

• Die vorbereiteten Früchte in 4 Gratinförmchen von 7 cm Durchmesser legen. Die Creme gleichmässig über die Früchte verteilen und mit dem braunen Zucker bestreuen.

• Die Förmchen 1 Minute unter den heissen Grill setzen, bis der Zucker karamelisiert ist. Sofort servieren.

FÜR DIE GEFÜLLTEN ZUCCHINIBLÜTEN
1 grosser Zucchino, in Scheiben geschnitten
1 EL frische Weissbrotkrumen
je 30 g roher und gekochter Schinken
1 kleines Bund Schnittlauch
100 g Butter
8 Zucchiniblüten

• Für die Kohlbeutelchen 8 grosse Aussenblätter vom Wirsing abtrennen und 4 Minuten in kochendem Salzwasser blanchieren, dann kalt abschrecken. Den restlichen Wirsing in feine Streifen schneiden.

• In 1 Esslöffel Olivenöl Zwiebel, Speck, Knoblauch, Thymian und Lorbeerblatt 1 Minute andünsten. Die Kohlstreifen einstreuen, 5 Minuten dünsten und abschmecken. Je 1 Esslöffel davon auf 4 der blanchierten Kohlblätter setzen und diese mit Küchengarn zu Beutelchen zusammenbinden.

• Für die gefüllten Zucchiniblüten die Zucchinischeiben, Brotkrumen, Schinken, Schnittlauch und Butter in der Küchenmaschine vermischen und abschmecken. Die Zucchiniblüten mit der Masse füllen. Zusammen mit den Kohlbeutelchen in einen Dämpfeinsatz setzen und 10 Minuten über Dampf garen.

• Die Kaninchenrücken mit Salz und Pfeffer würzen und in die restlichen Kohlblätter wickeln. Fest in Folie wickeln und in je 2 Scheiben schneiden. Danach die Folie entfernen und die 4 Tournedos mit Küchengarn binden.

• Die Tournedos zusammen mit den Morcheln in der Butter 8–10 Minuten braten. Die Tournedos und die Morcheln herausnehmen. Den Bratensatz mit dem Weisswein ablöschen und den Fond zugiessen. Etwa 2 Minuten einkochen lassen und abschmecken.

• Das Küchengarn vorsichtig von den Tournedos entfernen. Zusammen mit den Zucchiniblü-

Salade de chèvre chaud

Salat mit gegrilltem Ziegenkäse

Dieses Gericht ist mittlerweile in und ausserhalb Frankreichs beliebt. Die Nachfrage nach Ziegenkäse hat in den letzten Jahren zugenommen, und einer der grössten Erzeuger ist das Südburgund. Wenn Sie einen leichteren Salat bevorzugen, ersetzen Sie das Rahmdressing durch Walnussöl, Meersalz, Pfeffer und Schnittlauch. Sie können diesen Salat als kleinen Imbiss, als Vorspeise oder als Käsegang servieren. (Abbildung oben)

FÜR 4 PORTIONEN
4 Scheiben Bauernbrot oder Roggenbrot
4 kleine feste Ziegenkäse, jeweils waagerecht halbiert

450 g gemischte Blattsalate
1 kleines Bund Schnittlauch, fein zerschnitten

FÜR DAS DRESSING
150 ml Rahm
1 TL Dijon-Senf
3 EL Sherry-Essig
3 EL Walnuss- oder Haselnussöl
Meersalz, frisch gemahlener schwarzer Pfeffer

• Für das Dressing alle Zutaten verquirlen und mit Salz und frisch gemahlenem Pfeffer abschmecken.

• Den Grill auf mittlerer Stufe vorheizen.

• Auf jede Brotscheiben 2 Scheiben Ziegenkäse legen und unter dem vorgeheizten Grill einige Minuten grillen, bis der Käse schmilzt und leicht gebräunt ist. Inzwischen den gemischten Salat auf vier Teller verteilen und mit dem Dressing beträufeln.

• Den Salat mit dem gegrillten Brot belegen. Mit Schnittlauch bestreuen und sofort servieren.

Gâteau de foie de volaille
Warmer Hühnerleber-Flan

Dieses Rezept stammt aus der Bresse, wo die Leber von Bressepoularden dafür verwendet wird. Man kann es aber auch mit jeder anderen frischen Hühnerleber zubereiten. In der Bresse reicht man dazu eine Sauce Nantua (Rezept Seite 119).

FÜR 4 PORTIONEN
225 g Hühnerleber, gut geputzt
1 Knoblauchzehe
1 EL Mehl
3 Eier
3 Eigelb
1 EL trockener Sherry
350 ml Milch
½ TL gemahlener Koriander
Salz, frisch gemahlener weisser Pfeffer
1 TL Olivenöl zum Braten

FÜR DIE TOMATENSAUCE
300 g vollreife Tomaten, gehäutet, entkernt und fein gehackt
1 EL Olivenöl
8 Basilikumblättchen, in Streifen geschnitten
Salz, frisch gemahlener schwarzer Pfeffer

• Den Ofen auf 160 °C vorheizen.

• Vier Gratinförmchen von 125 ml Inhalt mit weicher Butter ausstreichen, den Boden und die Wände mit Pergamentpapier auslegen.

• Für eine kalte Sauce die Tomaten mit dem Öl und dem Basilikum vermischen und mit Salz und Pfeffer würzen. Durchziehen lassen, während man das Mousse zubereitet. Für eine warme Sauce die Tomaten mit dem Öl auf kleiner Flamme 20 Minuten schmelzen lassen. Mit Salz und Pfeffer würzen. Das zerschnittene Basilikum erst unmittelbar vor dem Anrichten unterheben.

• Die gut geputzte Hühnerleber zusammen mit dem Knoblauch in der Küchenmaschine pürieren. Das Mehl, die Eier, die Eigelb, den Sherry, die Milch und die Gewürze einarbeiten. Zum Abschmecken in einer kleinen Pfanne etwas Öl erhitzen und darin 1 Teelöffel Farce braten und probieren.

• Die Masse in die vorbereiteten Förmchen füllen. In einen flachen Bräter stellen und bis zur halben Höhe der Förmchen heisses Wasser angiessen. Den Bräter in den vorgeheizten Ofen stellen und die Flans 25–30 Minuten garen, bis ein Messer, das in die Mitte gesteckt wird, wieder glatt herauskommt.

Rillettes de poule
Hühner-Rillettes

Dies ist eine typische Bressaner Version der traditionellen Rillettes, die hier natürlich mit Poularden- statt Schweinefleisch zubereitet werden. Diese Rillettes haben einen feinen Geschmack und sind nicht fett. Sie halten sich bis zu einer Woche im Kühlschrank. Reichen Sie dazu einen grünen Salat und knusprig-frisches Brot.

ALS VORSPEISE FÜR 10 PORTIONEN
450 g Räucherspeck
1 Poularde von 2 kg, in 8 Stücke geteilt
350 ml weisser Burgunder
3 Zweige frischer Thymian
1 Lorbeerblatt
75 g Gänse- oder Entenschmalz
45 g Schweineschmalz
Salz, frisch gemahlener schwarzer Pfeffer

• Die Schwarte vom Speck abschneiden und bereithalten. Den Speck würfeln. Die Hühnerteile, die Speckwürfel, die Speckschwarte, den Wein, den Thymian und das Lorbeerblatt mit etwas Salz und Pfeffer in einen grossen Schmortopf geben und mit 400 ml Wasser bedecken. Zum Kochen bringen und abschäumen. Anschliessend zugedeckt auf kleiner Flamme 3½ Stunden sieden lassen. Das Gänse- oder Entenfett zufügen und alles im geschlossenen Topf weitere 30 Minuten köcheln lassen.

• Danach die Brühe durch ein Sieb in einen sauberen Topf seihen und auf die Hälfte einkochen. Die abgekühlten Hühnerteile und Speckwürfel aus dem Sieb nehmen. Das Hühnerfleisch auslösen, Haut und Knochen entfernen, das Fleisch mit einer Gabel zerpflücken.

• Die Brühe vom Herd nehmen. Das Hühnerfleisch und den Speck hineingeben, abschmecken und abkühlen lassen. In mehrere kleine oder einen grossen Steinguttopf füllen und mit einer dünnen Schicht flüssigem Schweineschmalz bedecken. Über Nacht im Kühlschrank durchziehen lassen.

Terrine de poulet aux herbes

Geflügelterrine mit Kräutern

Servieren Sie diese Terrine als Vorspeise mit Cornichons und eingelegten Perlzwiebeln oder als Hauptgericht mit einem grünen Salat. (Abbildung links)

ALS VORSPEISE FÜR 6 PORTIONEN
8 Scheiben Frühstücksspeck
3 frische Salbeiblätter
200 g ausgelöste Kalbsbrust
150 g Räucherspeck
125 g roher Schinken
75 ml Rahm
1 Ei
1 EL Marc de Bourgogne oder Cognac
2 kleine Bund Petersilie, fein zerschnitten
3 Zweige frischer Estragon, fein zerschnitten
1 Bund Schnittlauch, fein zerschnitten
Salz, frisch gemahlener schwarzer Pfeffer
2 Hühnerbrüste und 2 Hühnerkeulen, ausgelöst,
gehäutet und in 15 cm lange und 1 cm breite
Streifen geschnitten

• Den Ofen auf 200°C vorheizen.
• In eine tiefe ofenfeste Terrine von 20 cm Länge die Salbeiblättchen legen und die Form mit 5 Scheiben Frühstücksspeck so auslegen, dass sie sich überlappen.
• In der Küchenmaschine das Kalbfleisch, den Speck und die Hälfte des Schinkens fein zerkleinern. Den restlichen Schinken in kleine Würfel schneiden und bereithalten. Den Rahm mit dem Ei, dem Marc und den Kräutern mischen und unter die Fleischmasse arbeiten. Mit Salz und Pfeffer abschmecken. Wenn der Schinken sehr salzig ist, die Masse nur sehr vorsichtig salzen.
• Ein kleines Probeklösschen von der Masse abstechen, anbraten und probieren. Gegebenenfalls nachwürzen.

• In die vorbereitete Form eine Schicht Fleischmasse geben und mit der Hälfte der Hühnerfleischstreifen belegen. Darüber die Schinkenwürfel streuen und mit den restlichen Hühnerfleischstreifen bedecken. Die restliche Fleischfarce darüberstreichen und mit den restlichen Scheiben Frühstücksspeck abdecken.

• Die Terrine in einen Bräter setzen und bis zur halben Höhe heisses Wasser angiessen. Im vorgeheizten Ofen 1 Stunde garen, bis sich die Geflügelterrine von den Innenwänden gelöst hat. Aus dem Ofen nehmen und abkühlen lassen. Danach zugedeckt mindestens 12 Stunden im Kühlschrank ruhen lassen.

Soufflé aux poireaux
Lauch-Soufflé

Dieses zarte Soufflé ist eine Abwandlung der traditionellen Burgunder Lauchtorte.

FÜR 4 PORTIONEN
2 EL Weissbrotkrumen
90 g Butter
3 EL Mehl
150 ml Gemüsebrühe
100 ml Crème fraîche
1 kleine Zwiebel
½ Lorbeerblatt
1 Prise geriebene Muskatnuss
250 g Lauch (nur die weissen Abschnitte),
fein geschnitten
3 Eier, getrennt
3 EL geriebener Hartkäse
Salz, frisch gemahlener schwarzer Pfeffer

• Den Ofen auf 180 °C vorheizen.
• Eine Auflaufform von 20 cm Durchmesser mit weicher Butter ausstreichen und mit den Weissbrotkrumen ausstreuen.
• Die Hälfte der Butter auf kleiner Flamme schmelzen. Das Mehl zufügen und unter ständigem Rühren 5 Minuten anschwitzen, ohne es zu bräunen. Langsam die Gemüsebrühe und die Crème fraîche einrühren. Die Zwiebel, das halbe Lorbeerblatt und das Muskatnuss beigeben und weiterrühren, bis die Sauce andickt.
• Unterdessen die restliche Butter in einem Topf erhitzen. Den Lauch einstreuen und zugedeckt etwa 10 Minuten weich garen.
• Die Zwiebel und das Lorbeerblatt aus der Sauce entfernen. Den Lauch unterheben und die Hitze zurückschalten. Die Eigelbe einrühren und 3–4 Minuten unter ständigem Rühren auf kleiner Flamme weiterköcheln. Abseits vom Feuer den Käse unterheben. Die Masse abschmecken und leicht abkühlen lassen.
• Die Eiweiss steif schlagen und vorsichtig unter die Lauchmasse ziehen. In die vorbereitete Souffléform füllen und im vorgeheizten Ofen etwa 40 Minuten backen. Sofort servieren.

Purée de céleri
Selleriepüree

Das Püree schmeckt ausgezeichnet zu einer Lammkeule. (Abbildung Seite 121 links)

FÜR 4 PORTIONEN
400 g Knollensellerie, geschält und zerschnitten
150 g Kartoffeln, geschält und zerschnitten
1 Knoblauchzehe
50 g Butter
Salz, frisch gemahlener schwarzer Pfeffer
1 kleines Bund Petersilie, fein zerschnitten

• Den Sellerie zusammen mit den Kartoffelstücken und der Knoblauchzehe in leicht gesalzenem Wasser etwa 10 Minuten weich garen. Abgiessen und durch die Kartoffelpresse treiben. Die Butter einrühren und das Püree mit Salz und frisch gemahlenem schwarzem Pfeffer abschmecken. Die fein geschnittene Petersilie unterheben und sofort servieren.

Purée de marrons
Maronenpüree

Servieren Sie dieses Püree zu einem Lamm- oder Wildbraten. Maronenpüree gibt es in Dosen in gutsortierten Lebensmittelgeschäften zu kaufen. (Abbildung Seite 121 rechts)

FÜR 4 PORTIONEN
300 g Kartoffeln, geschält und zerschnitten
300 g ungesüsstes Kastanienpüree
120 g Butter
80 ml Rahm
3 EL Marc de Bourgogne oder Cognac
Salz, frisch gemahlener schwarzer Pfeffer

• Die Kartoffeln in einem Topf mit gesalzenem Wasser bedecken und etwa 15 Minuten weich garen. Abschütten und ausdämpfen lassen. Die Kartoffeln durch die Kartoffelpresse treiben und nach und nach mit den übrigen Zutaten vermischen. Das Püree mit Salz und frisch gemahlenem Pfeffer würzen.
• Sofort servieren oder bis zum Auftragen im heissen Wasserbad warm halten.

Pochouse de Verdun

Fischragout

Bereits im 17. Jahrhundert sollen die Flösser, die Holz aus dem Jura den Doubs hinunter flössten, ein Ragout von in Wein geschmorten Süsswasserfischen zubereitet haben. Der Wein stammte von der säurereichen Noah-Traube, die heute nicht mehr angebaut wird. Die Confrérie de la Pochouse, die 1949 in Verdun-sur-le-Doubs gegründet wurde, hält dieses Gericht in hohen Ehren.

FÜR 4 BIS 6 PORTIONEN
2 kg Süsswasserfische (Karpfen, Barsch, Hecht, Aal), in dicke Tranchen geschnitten
225 g Butter
2 EL Öl
4 Schalotten, fein gewürfelt
¾ l trockener Weisswein (Aligoté)
150 g Crème fraîche
Salz, frisch gemahlener schwarzer Pfeffer
4 Scheiben Weissbrot
1 Knoblauchzehe, halbiert
8 Stengel Kerbel oder Petersilie, fein geschnitten

• 400 ml Wasser mit 30 g der Butter und 2 EL Öl mischen und die Fischtranchen darin auf kleiner Flamme pochieren. Anschliessend den Fisch herausheben und in einer Servierschüssel warm halten. Den Pochierfond entfetten.
• Weitere 30 g Butter in einem Topf erhitzen und darin die Schalottenwürfel glasig dünsten. Den Weisswein und den Pochierfond angiessen, zum Kochen bringen und auf ein Viertel einkochen lassen. Anschliessend die Crème fraîche einrühren und zuletzt 150 g kalte Butter in kleinen Flocken einschwenken. Die Sauce abschmecken.
• Die Brotscheiben mit der halbierten Knoblauchzehe einreiben. In Würfel schneiden. Die restliche Butter in einer Pfanne erhitzen und die Brotwürfel darin von allen Seiten anrösten. Auf Küchenpapier entfetten.

• Die Fischtranchen mit der Sauce überziehen, mit den fein geschnittenen Kräutern bestreuen und mit den Brotwürfeln umlegen.

Quenelles de brochet avec sauce Nantua

Hechtklösschen mit Krebssauce

Diese Klösschen kann man in vielen Feinkostgeschäften in Frankreich fertig kaufen. Das Hechtfilet kann durch Zander und sogar durch Lachs ersetzt werden. Wenn Sie sich den Fisch vom Händler filetieren lassen, vergessen Sie nicht, die Haut und die Gräten mitzunehmen. Die brauchen Sie nämlich für die Sauce Nantua.

FÜR 4 BIS 6 PORTIONEN (ETWA 24 KLÖSSCHEN)
550 g Hechtfilet, abgezogen
½ Rezeptmenge Brandteig ohne Käse
(Rezept Seite 30)
Sauce Nantua (Rezept Seite 119)
6 Eiweiss
½ l Doppelrahm oder Crème fraîche
1 Prise frisch geriebene Muskatnuss
Salz, frisch gemahlener schwarzer Pfeffer

• Das Fischfilet in der Küchenmaschine pürieren. Durch ein feines Drahtsieb in eine Edelstahlschüssel streichen und zugedeckt mindestens eine Stunde gut durchkühlen.
• Inzwischen aus jeweils den halben Zutatenmengen einen Brandteig zubereiten.
• Die Schüssel mit dem Fischpüree in eine mit Eiswasser gefüllte Schüssel setzen. Das Eiweiss leicht schlagen und nach und nach unter das Fischpüree rühren. Den Brandteig portionenweise einarbeiten. Zuletzt den Rahm oder die Crème fraîche einrühren und die Farce mit Muskatnuss, Salz und Pfeffer abschmecken. (Die Farce kann man auch in der Küchenmaschine zubereiten und anschliessend nochmals 30 Minuten in den Kühlschrank stellen.)

• Den Ofen auf 200 °C vorheizen und eine Gratinform mit weicher Butter ausstreichen.
• Zwei Esslöffel mit kaltem Wasser benetzen. Mit einem der Löffel eine Nocke von der Fischfarce abstechen und mit dem Rücken des anderen Löffels die Seiten glattstreichen. Die Nocke vom einen in den anderen Löffel gleiten lassen, bis sie eine schöne längliche Eiform hat. Das Klösschen in siedendes Salzwasser gleiten lassen und 2–4 Minuten ziehen lassen. Wenn es zerläuft, muss man der Farce ein weiteres Eiweiss zusetzen und sie nochmals gut durchkühlen. Danach die restlichen Klösschen mit den immer wieder frisch benetzten Löffeln formen. Die Klösschen im siedenden Wasser pochieren, dabei den Topf nicht überfüllen.
• Sobald die Klösschen an die Oberfläche steigen, mit einem Sieblöffel herausheben, zum Abtropfen auf Küchenpapier legen und anschliessend in die vorbereitete Gratinform setzen.
• Die Klösschen im vorgeheizten Ofen 5–10 Minuten backen, bis sie leicht aufgegangen sind. Danach mit der Sauce Nantua überziehen und nochmals 1–2 Minuten unter dem heissen Grill überbacken. Mit den Krebsen aus der Sauce umlegen und servieren.

Sauce Nantua

Krebssauce
(Abbildung rechts)

FÜR 4 PORTIONEN
500 g abgekochte Flusskrebsschwänze
120 g Butter
2 Schalotten, fein gewürfelt
1 Karotte, fein gewürfelt
2 EL Marc de Bourgogne oder Cognac
100 ml weisser Burgunder
850 ml Fischfond
1 Bouquet garni
50 g Mehl
200 ml Doppelrahm oder Crème fraîche
1 TL Tomatenmark (nach Belieben)
1 Prise Cayennepfeffer
Salz, frisch gemahlener schwarzer Pfeffer

• Die Krebsschwänze ausbrechen und entdärmen. Die Krebsschalen im Mörser fein zerstossen oder in der Küchenmaschine zerkleinern und bereithalten.

• Einen Esslöffel Butter in einem grossen Topf erhitzen und darin die Schalotten- und Karottenwürfel weich dünsten. Die Krebsschalen zufügen, mit dem Marc beträufeln und flambieren. Mit dem Weisswein und dem Fischfond ablöschen. Das Bouquet garni sowie etwas Salz und Pfeffer zugeben. Etwa 20 Minuten auf kleiner Flamme sieden lassen, dann durch ein feines Sieb seihen.

• Die restliche Butter schmelzen und darin das Mehl unter ständigem Rühren 5 Minuten anschwitzen. Anschliessend den Krebsfond einrühren, zum Kochen bringen und unter ständigem Rühren 10–15 Minuten auf kleiner Flamme kochen lassen. Den Rahm einrühren und nochmals aufkochen. Zuletzt das Tomatenmark einrühren, die Sauce abschmecken und die Krebsschwänze hineinlegen.

Poulet de bresse à la crème

Bressepoularde in Rahmsauce

Das Fleisch von Bressepoularden gilt weltweit als das beste Hühnerfleisch. Deshalb sollte man es trotz des hohen Preises wenigstens einmal probieren. Das folgende Rezept erhielt ich von Claire Jalley, deren Mann Bressegeflügel züchtet (siehe Seite 96).

FÜR 4 PORTIONEN
1 Bressepoularde von 1,7 kg,
in 8 Portionsstücke geteilt
30 g Butter
3 Zwiebeln, fein gewürfelt
Salz, frisch gemahlener schwarzer Pfeffer
¼ l weisser Burgunder
1 Eigelb
¼ l Crème fraîche
1 EL Zitronensaft

• Die Butter in einem grossen Schmortopf erhitzen und darin die Poulardenteile über nicht zu starker Hitze von allen Seiten anbräunen. Die Zwiebelwürfel einstreuen und hell andünsten. Mit Salz und Pfeffer würzen und den Weisswein angiessen. Zugedeckt auf kleiner Flamme etwa 30 Minuten weich schmoren. Das Fleisch ist gar, wenn beim Anstechen klarer Fleischsaft austritt. Die Poulardenstücke herausnehmen und in einer vorgewärmten Servierschüssel warm halten.
• In einer kleinen Schüssel das Eigelb mit 3 Esslöffeln Crème fraîche verquirlen.
• Die restliche Crème fraîche und den Zitronensaft in den Schmortopf geben und den Bratensatz damit lösen. Das verquirlte Eigelb zufügen und auf kleiner Flamme rühren, bis die Sauce bindet; nicht mehr kochen lassen.
• Die Poulardenstücke mit der Sauce überziehen. Zusammen mit einem Kartoffelgratin (Rezept Seite 31) oder Nudeln servieren.

Poulet de bresse cocotte à l'estragon

Bressepoularde in Estragonsauce

FÜR 4 PORTIONEN
1 Bressepoularde von 1,7 kg,
in 8 Portionsstücke geteilt
150 g Butter
Salz, frisch gemahlener schwarzer Pfeffer
5 kleine Zwiebeln, fein gewürfelt
5 Schalotten, fein gewürfelt
3 Knoblauchzehen, ungeschält
3 Karotten, grob zerschnitten
6 Zweige frischer Estragon
100 ml Estragonessig
200 ml Geflügelbrühe oder Wasser
1 TL Dijon-Senf
2 TL Mehl
1 EL Tomatenmark
½ l Rahm
225 g Tomaten, gehäutet, entkernt und gehackt

• Den Ofen auf 200 °C vorheizen.
• Die Butter in einem Schmortopf erhitzen und die Poulardenteile darin 3–4 Minuten leicht anbräunen. Mit Salz und Pfeffer würzen. Die Zwiebeln, die Schalotten, den Knoblauch, die Karotten und 4 Zweige Estragon zufügen. Zugedeckt im vorgeheizten Ofen 30–45 Minuten schmoren, bis klarer Fleischsaft austritt, wenn man mit der Messerspitze ins Fleisch sticht. Nach etwa 15 Minuten das Fleisch mit einem Esslöffel Estragonessig beträufeln. Falls nötig etwas Wasser oder Geflügelbrühe zugiessen, damit das Fleisch nicht trocken brät. Das Fleisch in einer Servierschüssel zugedeckt warm halten.
• Den Topf auf den Herd setzen und den Bratensatz unter Rühren mit einem Esslöffel Essig ablöschen. Die Brühe und den restlichen Essig zugiessen und 3–4 Minuten einkochen lassen. In einer kleinen Schüssel den Senf, das Mehl und das Tomatenmark vermischen und zusammen mit dem Rahm in die Sauce einrühren. Auf kleiner Flamme 5 Minuten kochen lassen. Abschmecken, durch ein Sieb passieren und die Tomatenwürfel unterheben.
• Das Fleisch mit der Sauce überziehen und mit dem restlichen Estragon garnieren. Zu Reis oder Nudeln servieren.

Jambonneau au mâcon

Schinken, in Weisswein pochiert

FÜR 4 PORTIONEN
900 g roher Schinken
500 g Lauch (nur die weissen Abschnitte)
2 Karotten
1 Stange Staudensellerie
1 Knoblauchzehe
3 Schalotten
1 Bouquet garni
4 Esslöffel trockener Weisswein (Mâcon)
100 g Butter
200 ml Rahm
1 EL Dijon-Senf
Salz, frisch gemahlener schwarzer Pfeffer

• Den Schinken in einen grossen Topf legen. Mit kaltem Wasser bedecken und zum Kochen bringen, danach das Wasser abschütten. Dies zweimal wiederholen.
• In der Küchenmaschine den Lauch, die Karotten, die Selleriestange, den Knoblauch und eine Schalotte fein zerkleinern. Das zerkleinerte Gemüse, das Bouquet garni und den Wein in einen Schmortopf geben und zum Kochen bringen. Den blanchierten Schinken einlegen und zugedeckt auf kleiner Flamme 2 Stunden garen, bis der Schinken weich ist. Nach der halben Kochzeit den Schinken wenden.

• Für die Sauce etwa 20 Minuten vor Ende der Garzeit die restlichen Schalotten in einem kleinen Topf in 30 g Butter glasig dünsten. Etwa die Hälfte der Garflüssigkeit des Schinkens zugiessen, den Rahm und den Senf einrühren und 3–4 Minuten auf kleiner Flamme einkochen. Die Sauce abschmecken und die restliche Butter einschwenken. Den Schinken aufschneiden, auf eine Servierplatte legen und mit der Sauce überziehen.

Tranche de gigot de mouton charollais au vin de bourgogne
Lammkeule mit Burgundersauce
(Abbildung rechts)

FÜR 4 PORTIONEN
1 Lammkeule von 1,3 kg, entbeint und in 4 Scheiben geschnitten

FÜR DIE MARINADE
¾ l roter Burgunder
2 Karotten, gewürfelt
2 Zwiebeln, grob zerschnitten
2 Schalotten, grob zerschnitten
1 Bouquet garni

30 g Butter
1 EL Mehl
1 EL Rotweinessig
¼ l Rahm
Salz, frisch gemahlener schwarzer Pfeffer

• Am Vortag das Lammfleisch in einer Schüssel mit den Marinadenzutaten vermischen. Zugedeckt über Nacht in den Kühlschrank stellen.
• Am nächsten Tag die Marinade durch ein Sieb giessen; alle Marinadenzutaten bereithalten. Das Fleisch mit Küchenpapier trockentupfen.
• Für die Sauce in einem Schmortopf das Würzgemüse aus der Marinade in einem Esslöf-fel Butter 1–2 Minuten andünsten. Das Mehl zufügen und unter Rühren etwa 5 Minuten anschwitzen. Die Marinadenflüssigkeit einrühren und das Bouquet garni zufügen. Im offenem Topf auf kleiner Flamme etwa 1 Stunde auf ein Viertel einkochen lassen. In eine Schüssel abseihen und das Bouquet garni entfernen. Zum Andicken etwas vom Gemüse pürieren und einrühren.

• Im Schmortopf die restliche Butter erhitzen und darin die Lammscheiben von jeder Seite 5 Minuten (für durchgebratenes Fleisch etwas länger) anbraten. Den Bratensatz mit dem Essig ablöschen. Danach den Rahm sowie die Sauce einrühren und abschmecken.
• Das Fleisch mit der Sauce überziehen. Maronen- und Selleriepüree (Rezepte Seite 117) getrennt dazu reichen.

Bœuf bourguignon
Rinderragout in Rotweinsauce

Das Fleisch wird in der Rotweinmarinade sehr schön mürbe. Das Ragout kann im voraus zubereitet werden, da es durch Aufwärmen noch besser wird. (Abbildung links)

FÜR 4 PORTIONEN
1 kg Rindfleisch aus der Keule, in 85 g schwere
Stücke geschnitten
400 g Karotten
200 g Räucherspeck, in nicht zu kleine Würfel
geschnitten
2 EL Olivenöl
1 Zwiebel, in Ringe geschnitten
1 EL Mehl
6 Knoblauchzehen
1 Bouquet garni, zusätzlich 2 Lauchblätter
und 1 Selleriestange
1 EL Marc de Bourgogne oder Cognac
Geflügelbrühe
20 Perlzwiebeln, geschält
50 g Butter
200 g kleine feste Champignons, geputzt
1 Zitrone, Saft
Salz, frisch gemahlener Pfeffer
4–6 Weissbrotscheiben
1 grosses Bund Petersilie, fein geschnitten

FÜR DIE MARINADE
1 Zwiebel, in dünne Ringe geschnitten
3 Knoblauchzehen, zerdrückt
1 kleines Bund Petersilie
1 Lorbeerblatt
4 Zweige getrockneter Thymian
¾ l roter Burgunder
2 EL Olivenöl
5 schwarze Pfefferkörner, zerdrückt

• Alle Marinadenzutaten in einer grossen Glas- oder Porzellanschüssel mischen und die Fleischstücke hineingeben. Fest mit Aluminiumfolie abdecken und über Nacht in den Kühlschrank stellen, dabei ein- bis zweimal durchrühren.

• Die weitere Zubereitungszeit beträgt etwa 3–4 Stunden. 250 g Karotten grob zerkleinern. Die Speckwürfel in einer Pfanne im heissen Öl knusprig anbraten. Mit einem Sieblöffel herausheben und bereithalten. Die zerkleinerten Karotten und die Zwiebelringe in die Pfanne geben und leicht anbräunen. Das Gemüse auf einem über eine Schüssel gesetzten Sieb abtropfen lassen. Das abgetropfte Fett wieder zurück in die Pfanne geben.

• Die Fleischwürfel aus der Marinade heben und mit Küchenpapier trockentupfen; die Marinade durch ein Sieb seihen. Das Mehl auf einen Teller geben und mit Pfeffer und Salz würzen. Darin die Fleischwürfel wenden und portionsweise im heissen Fett 3–4 Minuten auf grosser Flamme bräunen. Die Fleischwürfel in einen Schmortopf geben und die Marinadenflüssigkeit angiessen. Die Speckwürfel, die Zwiebel und die Karotten aus der Marinade sowie 5 Knoblauchzehen und das Bouquet garni zufügen. Den Marc in einer Kelle flambieren und beigeben. Soviel Brühe angiessen, dass die Fleischwürfel knapp bedeckt sind. Zum Kochen bringen und im geschlossenen Topf auf kleiner Flamme 2½ Stunden schmoren, bis das Fleisch weich ist. Die Fleischwürfel herausheben und bereithalten. Den Fond entfetten.

• Die Perlzwiebeln in 15 g Butter anbräunen, herausheben und bereithalten. Die restlichen Karotten in Scheiben schneiden und im selben Topf andünsten. Die Champignons in Zitronensaft wenden und in 15 g Butter andünsten.

• Die Brotscheiben so halbieren, dass je zwei Dreiecke entstehen. Mit der halbierten Knoblauchzehe einreiben und in der restlichen Butter von beiden Seiten anrösten. Auf Küchenpapier entfetten und bereithalten.

• Den entfetteten Fond aus dem Schmortopf durch ein grosses Sieb in einen sauberen Topf

giessen. Die Fleischwürfel zurück in den Schmortopf geben und die gedünsteten Karotten, die gebräunten Zwiebelchen sowie die Pilze zufügen. Den Topf zudecken und beiseite stellen.

• Für die Sauce die Zwiebeln und den Knoblauch aus dem Sieb nehmen und pürieren (Karotten und Bouquet garni entfernen). Das Püree in den entfetteten Fond rühren. Zum Kochen bringen und 30 Minuten auf kleiner Flamme einkochen lassen. Nochmals entfetten und die Sauce abschmecken.

• Die Sauce über die Fleischwürfel in den Schmortopf giessen. Auf kleiner Flamme 15–20 Minuten erhitzen. Mit Petersilie bestreut und mit dem gerösteten Brot umlegt servieren.

Pot-au-feu de Saint-Christophe avec sauce verte
Pot-au-feu mit grüner Sauce

Dieser Pot-au-feu, auch *bouilli* genannt, wird in Saint-Christophe-en-Brionnais traditionell am Donnerstag nach dem Rindermarkt gegessen. Auch Christi Himmelfahrt am 15. August wird dort mit einem gigantischen Bouilli gefeiert. Zu diesem Festessen gibt es eine grüne Sauce.

FÜR 4 BIS 6 PORTIONEN
800 g Rinderschmorfleisch aus der Keule
4 Schweinswürstchen
4 dicke Scheiben Räucherspeck, grob zerschnitten
1 kleiner Markknochen
3 Lauchstangen
4 kleine Karotten
2 Rübchen
1 Stange Staudensellerie
2 Knoblauchzehen

1 Zwiebel, gespickt mit 2 Gewürznelken
1 Bouquet garni
500 g Kartoffeln, geschält
grobes Salz

FÜR DIE GRÜNE SAUCE
3 Sardellenfilets
1 grosses Bund glattblättrige Petersilie, fein zerschnitten
4 Cornichons, fein gehackt
1 EL Kapern, fein gehackt
½ Knoblauchzehe, fein gehackt
2 EL Weissweinessig
6 EL Olivenessig
Salz, frisch gemahlener schwarzer Pfeffer

• Das Würzgemüse, den Knoblauch, die gespickte Zwiebel, das Bouquet garni und etwas Salz zusammen mit 2 Liter Wasser in einen grossen Suppentopf geben. Zum Kochen bringen und die Hitze reduzieren. Das Fleisch und den Markknochen in die siedende Flüssigkeit geben und auf kleiner Flamme 1 Stunde und 10 Minuten sieden lassen. Dabei wiederholt den Schaum mit einem Sieblöffel entfernen.

• Für die grüne Sauce die Sardellenfilets im Mörser zerstossen. In einer Schüssel mit der Petersilie, den Cornichons, den Kapern, dem Knoblauch und dem Essig verrühren. Das Olivenöl nach und nach einquirlen. Die Sauce abschmecken und 30 Minuten ziehen lassen.

• Wenn das Fleisch weich ist, die Kartoffeln in die Brühe geben und etwa 10 Minuten weich garen. Danach das Fleisch, die Kartoffeln und das Gemüse aus der Brühe heben.

• Das Fleisch anrichten und mit den Kartoffeln und dem Gemüse umlegen. Grobes Salz, Cornichons und Senf sowie die grüne Sauce und die Brühe getrennt dazu reichen.

Gâteau bressan

Quarkkuchen

Dieser Quarkkuchen, örtlich auch *Cion* oder *Tapinette* genannt, eignet sich vorzüglich für ein Sonntagsfrühstück oder einen Brunch.

FÜR 4 PORTIONEN
250 g Quark
1 EL Mehl
150 ml Rahm
85 g Zucker
2 Eier, getrennt
1 unbehandelte Zitrone, abgeriebene Schale
1 Zitrone, Saft (nach Belieben)
30 g kalte Butter, in kleinen Flocken

FÜR DEN TEIG
250 g Mehl
1½ TL Trockenhefe
30 g Zucker
100 ml Milch
30 g weiche Butter
1 TL Salz
1 Ei, verquirlt
3 EL Marc de Bourgogne oder Cognac

• Alle Zutaten für den Teig sollen Zimmertemperatur haben. Das Mehl in eine Schüssel sieben und in die Mitte eine Vertiefung drücken. In diese die Hefe, 1 Esslöffel Zucker und 2 Esslöffel Milch geben. Diesen Vorteig an einem warmen Platz 15 Minuten gehen lassen, bis die Hefe schäumt. Die restlichen Zutaten zufügen und alles zu einem weichen Teig arbeiten.
• Den Teig 5 Minuten durchkneten, bis er glatt und elastisch ist. Zur Kugel formen und zugedeckt an einem warmen Ort auf das Doppelte gehen lassen. Nochmals kurz durchkneten und zu einer 6 mm dicken Platte ausrollen. Diese in eine mit weicher Butter ausgestrichene Springform legen und nochmals 15 Minuten gehen lassen.

• Unterdessen den Ofen auf 220 °C vorheizen.
• In einer Schüssel den Quark mit dem Mehl, dem Rahm, mit 55 Gramm Zucker, den Eigelben, der abgeriebenen Zitronenschale und dem Zitronensaft verrühren. Das Eiweiss zu steifem Schnee schlagen und unterziehen. Die Masse in die Form füllen und mit Butterflocken belegen.
• Im vorgeheizten Ofen 30 Minuten backen, dabei mit Aluminiumfolie abdecken, falls die Oberfläche zu stark bräunt. Mit dem restlichen Zucker bestreuen und nochmals 5 Minuten in den Ofen schieben. Der Kuchen kann warm oder kalt serviert werden.

Crème à la feuille de pêcher

Pfirsichceme

Wenn Sie keine frischen Pfirsichblätter haben, dann aromatisieren Sie die Milch mit geriebenen Mandeln oder einer geschlitzten Vanilleschote. Für ¼ l Milch nimmt man 150 g gemahlene Mandeln oder 1 Vanilleschote.

FÜR 4 PORTIONEN
¼ l Milch
3 EL Zucker
6 Pfirsichblätter
1 Päckchen Gelatinepulver
¼ l Rahm
1 Pfirsich oder 1 Birne, geschält und in kleine Würfel geschnitten
Erdbeeren und Minzblättchen als Garnitur

FÜR DEN BEEREN-COULIS
300 g Himbeeren und rote Johannisbeeren oder Aprikosen
2–4 EL Zucker

• Die Milch, den Zucker und die Pfirsichblätter in einen Topf geben. Auf kleiner Flamme unter Rühren erhitzen, bis sich der Zucker gelöst hat. Vom Feuer nehmen und 30 Minuten ziehen lassen.
• Eine hitzebeständige Schüssel über einen Topf mit siedendem Wasser setzen und darin in 3 Esslöffeln heissem Wasser die Gelatine unter Rühren auflösen.
• Die Pfirsichblätter oder die Vanilleschote aus der heissen Milch nehmen. Die aufgelöste Gelatine beigeben und glattrühren. Den Rahm und die Pfirsich- oder Birnenstücke unterheben und die Creme in eine Ringform von 575 ml Inhalt geben. Die Creme mindestens 3 Stunden in den Kühlschrank stellen, bis sie fest ist.
• Für den Coulis die Beeren durch ein Sieb in einen Topf streichen und den Zucker einrühren. Unter Rühren 5 Minuten erhitzen, bis sich der Zucker gelöst hat.
• Unmittelbar vor dem Anrichten die Ringform schnell in heisses Wasser tauchen und die Creme auf einen Teller stürzen. Mit dem Coulis umgiessen und mit Erdbeeren und Minzblättchen garnieren.

Crêpes aux gaudes avec compote de prunes

Maiscrêpes mit Pflaumenkompott
(Abbildung gegenüber)

FÜR 20 CRÊPES
50 g geröstetes Maismehl
100 g Mehl
2 Eier
1 EL Speiseöl
½ TL Salz
1 EL Kirschwasser
½ l Milch
Öl zum Ausbacken

FÜR DAS PFLAUMENKOMPOTT
700 g Pflaumen, halbiert und entsteint
1 Zimtstange
150 g Zucker

• Für das Kompott die Pflaumen und die Zimtstange in einem Topf mit dem Zucker bestreuen
und je nach Reife der Pflaumen ½–1 Stunde stehen lassen, damit die Pflaumen Saft ziehen.
Anschliessend auf kleiner Flamme unter gelegentlichem Umrühren im geschlossenen Topf
etwa 10 Minuten weich kochen. Vom Feuer nehmen und abkühlen lassen.
• Für die Crêpes das Maismehl zusammen mit
dem Mehl in eine Schüssel sieben. Eine Vertiefung in die Mitte drücken, in diese die Eier, das
Öl, das Salz, den Kirschgeist und 150 ml Milch
geben und verrühren. Mit einem Rührbesen das
Mehl von aussen nach innen in die Flüssigkeit
rühren, so dass ein flüssiger Teig entsteht. Den
Teig 2–3 Stunden quellen lassen.
• Eine kleine Pfanne auf grosser Flamme heiss
werden lassen und mit 1 Teelöffel Öl ausstreichen. Die Hitze herunterschalten und etwa 2
Esslöffel Teig in die Pfanne geben. Die Pfanne
leicht kippen, damit sich der Teig gleichmässig
verteilt. Nach etwa 30 Sekunden die Crêpe mit
einem Palettenmesser am Rand anheben. Wenn
die Unterseite leicht gebräunt ist, die Crêpe
wenden und von der anderen Seite bräunen.
Die Crêpes, mit Aluminiumfolie abgedeckt, im
110°C heissen Ofen warm halten. In die Mitte
jeder Crêpe einen Löffel Pflaumenkompott geben und die Crêpe falten. Mit Schlagrahm servieren.

Corniottes bourguignonnes
Burgunder Teigtaschen

In Louhans werden Corniottes mit Brandteig gefüllt (kleines Bild rechts). Gewöhnlich füllt man sie mit Quark, doch in diesem Rezept besteht die Füllung aus Früchten der Saison.

FÜR 8 STÜCK
675 g Brombeeren, Blaubeeren, Johannisbeeren
oder Pflaumen oder gemischte Früchte
5–6 EL Zucker
1 Ei, verquirlt mit ½ TL Salz
150 ml Schlagrahm
2 EL Puderzucker

FÜR DEN TEIG
200 g Mehl
1 EL Zucker
½ TL Salz
100 g weiche Butter, in kleinen Flocken
1 Eigelb, verquirlt
2 EL kaltes Wasser

• Für den Teig das Mehl in eine Schüssel sieben und mit dem Zucker und dem Salz vermischen. Mit den Fingerspitzen schnell die Butter einarbeiten und die krümelige Mischung mit dem Eigelb und 2 Esslöffeln kaltem Wasser binden. Zur Kugel formen und zugedeckt mindestens 30 Minuten kühl stellen. Ein Backblech fetten.
• Den Teig 6 mm dünn ausrollen und 8 Rondellen von 12 cm Durchmesser ausstechen. Die Früchte mit dem Zucker vermischen und je 1 Esslöffel davon auf die Teigrondellen geben. Die Teigränder mit verquirltem Ei bestreichen. Von drei Seiten so über der Füllung zusammenschlagen, dass ein dreieckiges Päckchen entsteht, welches die Früchte dicht umschliesst. Die Ränder fest zusammenkneifen. Die Teigtaschen auf das vorbereitete Backblech setzen und 30 Minuten kühl stellen.

• Den Ofen auf 190 °C vorheizen. Die Corniottes mit dem restlichen Eigelb bestreichen und im vorgeheizten Ofen 20–25 Minuten goldbraun backen.
• Den Rahm mit dem Puderzucker verrühren und steif schlagen. Zu den Corniottes servieren.

Tartes aux cassis
Schwarze Johannisbeertörtchen

Dieses Rezept gab mir Madame Lespinasse, meine Wirtin im Mâconnais. Die säuerlichen Johannisbeeren bilden einen reizvollen geschmacklichen Kontrast zum süssen Teig. (Abbildung gegenüber)

FÜR 4 KLEINE TÖRTCHEN
2 Eier
100 g Zucker
100 g gemahlene Mandeln
85 g Butter, geschmolzen

½ TL Vanille- oder Mandelessenz
250 g schwarze Johannisbeeren, frisch oder
gefroren
30 g Mandelblättchen

FÜR DEN TEIG
250 g Mehl
125 g Puderzucker
4 Eigelb
1 Prise Salz
150 g weiche Butter, in kleinen Flocken
½ TL Vanille- oder Mandelessenz

FÜR DIE GARNITUR
100 g Aprikosenmarmelade, geschmolzen
einige Träubchen schwarze Johannisbeeren

• Für den Teig das Mehl zusammen mit dem Puderzucker in eine Schüssel sieben und in die Mitte eine Vertiefung drücken. Eigelb, Salz, Butterflocken und Vanilleessenz hineingeben und alles mit einer Gabel schnell zu einem Teig vermischen. Zur Kugel formen, in Frischhaltefolie wickeln und 1 Stunde kühl stellen.
• Für die Füllung die Eier mit dem Zucker cremig rühren. Die Mandeln, die flüssige Butter und die Vanille- oder Mandelessenz einrühren.
• Die Beeren waschen, abtropfen lassen und von den Stielen zupfen. Den Ofen auf 190 °C vorheizen und 4 Tarteletteförmchen von 10 cm Durchmesser mit weicher Butter ausstreichen.
• Den Teig ausrollen und 4 Rondellen ausstechen. Die Förmchen damit auskleiden. Überstehende Teigränder abschneiden. Die Teigböden mit den Johannisbeeren belegen, mit der Mandelmasse überziehen und mit den Mandelblättchen bestreuen. Die Törtchen im vorgeheizten Ofen 35 Minuten backen, bis sie schön gebräunt sind. Auf einem Kuchengitter auskühlen lassen. Die Törtchen nach Belieben mit geschmolzener Aprikosenmarmelade glasieren und mit einigen schwarzen Johannisbeeren garnieren.

Adressen

Die Restaurants, die für dieses Führer ausgewählt wurden, haben ein unterschiedliches Niveau, was die Küche und die Preise betrifft, aber alle bieten burgundische Spezialitäten an. Mittagsmenüs sind selbst in den teuersten Restaurants oft recht preiswert, die Speisenauswahl ist dann jedoch weniger umfangreich als am Abend. Einige der mit drei Punkten gekennzeichneten Restaurants gehören zu den besten Frankreichs und der Welt. Sie sind zwar sehr teuer, aber immer einen Besuch wert.

Fermes auberges sind ein besonderer Typ Restaurant. Sie werden vom Besitzer eines Bauernhofes betrieben und bieten in der Regel Gerichte an, die aus Zutaten eigener Produktion oder der von benachbarten Höfen stammen. Es werden dort aussschliesslich Burgunderweine und regionale Spirituosen ausgeschenkt. Serviert wird Hausmannskost in grosszügigen Portionen. Die meisten dieser bäuerlichen Restaurants sind ausserhalb der Ferienmonate Juli und August nur am Wochenende geöffnet. Es ist daher ratsam, im voraus einen Tisch zu buchen und manchmal sogar die Gerichte vorzubestellen.

Man sollte sich immer telefonisch nach den Öffnungszeiten erkundigen, bevor man einen Ort besuchen möchte. In den meisten Städten gibt das *Syndicat d'initiative* (Verkehrsverein) oder die *Mairie* (Bürgermeisteramt) nähere Informationen über die verschiedenen Veranstaltungen und Feste, die hier erwähnt werden. In verschiedenen Städten gibt es Informationsbüros für Touristen.

Auch bei Weingütern sollte man vor einem geplanten Besuch anrufen. Bei Weinläden und den Maisons des Vins ist dies jedoch nicht nötig. Falls Sie weitere Informationen über Weingüter, Wein, Weinseminare und Weinproben haben möchten, wenden Sie sich an das Bureau Interprofessionel des Vins de Bourgogne (BIVB) in Beaune, Mâcon oder Chablis oder an das Informationsbüro für Touristen in Beaune.

In vielen Städten finden im Juni zum Fest Saint-Jean und am 14. Juli, dem französischen Nationalfeiertag, Veranstaltungen statt.

Zeichenerklärung:
- ••• Teure Restaurants
- •• Restaurants der mittleren Preiskategorie
- • Einfache Restaurants

Yonne

Restaurants

A la Côte-Saint-Jacques •••
14 fbg Paris, 89300 Joigny
Tel. 86/62 09 70

Barnabet ••
14 quai de la République
89000 Auxerre
Tel. 86/51 68 88

La Chamaille ••
89240 Chavannes
Tel. 86/41 24 80

Grande Chaumière ••
3 rue des Capucins
89600 Saint-Florentin
Tel. 86/35 15 12

Hostellerie des Clos ••
18 rue Jules Rathier, 89800 Chablis
Tel. 86/42 10 63

La Lucarne aux Chouettes •
quai Bretoche
89500 Villeneuve-sur-Yonne
Tel. 86/87 18 26

Auberge le Tilleul •
89290 Vincelottes
Tel. 86/42 22 13

L'Espérance •••
(siehe Seite 28–29)
89450 Saint-Père-sous-Vézelay
Tel. 86/33 20 45

Le Lion d'Or •
rue L. Cormier, 89130 Toucy
Tel. 86/44 00 76

Le Cheval Blanc •
4 rue des Ponts, 89120 Charny
Tel. 86/63 60 66

Le Pot d'Etain •
89440 L'Isle sur Serein
Tel. 86/33 88 10

Abbaye Saint-Michel ••
rue Saint-Michel, 89700 Tonnerre
Tel. 86/75 72 92

Ferme Auberge «Les Perriaux» •
89520 Champignolles
Tel. 86/45 13 22

Sehenswürdigkeiten

Maison de la Vigne et du Vin
(Informationen über Wein)
28 rue Auxerroise, 89800 Chablis
Tel. 86/42 42 22

La Ferme du Château
(alter Bauernhof; Sonntagnachmittag: Verkauf eigener Produkte)
89170 Saint-Fargeau
Tel. 86/74 03 76

Mallet Fils (Töpferei)
Route de Cosne, 58310 Saint-Amand-en-Puisaye
Tel. 86/39 60 80

Ecole de Cuisine «La Varenne»
(Kochunterricht in klassischer französischer Küche)
Château du Fëy, Villecien

Spezialitäten der Region

Segma Liebig Maille (Gewürzgurken aus Appoigny)
12 boulevard Eiffel, 21000 Dijon
Tel. 80/63 02 30

Jean Moreau (Wildspezialitäten)
route d'Ormoy, 89210 Brienon
Tel. 86/56 14 23

Rousselet (Andouillettes)
15 rue Auxerroise, 89800 Chablis
Tel. 86/42 11 28

Roy (Entenstopfleber, Würste,
geräucherte und luftgetrocknete
Entenbrust, Ententerrinen)
Le Paysan Bourguignon
Les Drillons, Beugnon,
89600 Saint-Florentin
Tel. 86/35 35 50

Marianne Fouchet (Biologisch-
organische Gemüsegärtnerei)
rue des Ecoles, 89450 Vézelay
Tel. 86/33 31 66

Syndicat des Producteurs
de Truffe de l'Yonne
Chambre d'Agriculture de l'Yonne
14 bis rue Guynemer
89015 Auxerre
Tel. 86/46 47 48

Michel Jalade (Trüffeln)
6 rue de Quincy, 89430 Commissey
Tel. 86/75 75 23

Francis Marquet (Vergigny-
Spargel)
1 rue du Puits
89600 Saint-Florentin
Tel. 86/35 33 68

Goulley (Coco-de-Cheu-Bohnen)
40 rue du Bois, 89600 Cheu
Tel. 86/43 42 11

Jean-Yves Lemoule (Kirschen,
Wein, Ratafia)
89580 Coulanges-la-Vineuse
Tel. 86/42 37 32

Patrick Barbotin (Haselnüsse,
Dörrzwetschgen, Kirschen)
7 rue Neuve, 89290 Jussy
Tel. 86/53 38 20

M. Leboulanger (Gougères)
51 rue de l'Hôpital,
89700 Tonnerre
Tel. 86/55 02 05

Gérard Leclère (Soumaintrain-
Käse)
La Jonctière, 89570 Soumaintrain
Tel. 86/56 31 06

Fromagerie Lincet (regionale
Käsespezialitäten)
89100 Saligny
Tel. 86/97 83 97

Boulangerie Planchet (Croquets)
Grand-Rue
89520 Saint-Sauveur-en-Puisaye
Tel. 86/45 55 17

Ets Doisnon (Honig, Honiglebkuchen)
6 route de Paris
89300 Saint-Aubin-sur-Yonne
Tel. 86/62 43 01

Philippe Charlois
(Cidre und Ratafia)
Le Champion
89770 Boeurs-en-Othe
Tel. 86/88 00 29

Oben: Vézelay, die Stadt auf den Hügeln. Links sieht man den Turm der Basilika Sainte-Madeleine, die bis zum päpstlichen Dekret von 1295 als Aufbewahrungsort der Reliquien der heiligen Maria Magdalena galt und daher eine bedeutende Wallfahrts- kirche war. Seither verlor sie an Bedeutung.

Rechts: Eine interessante alte Tür in Saint-Florentin.
Oben: Die Figur des heiligen Nikolaus, des Schutzheiligen der Schiffer von Auxerre, wurde 1714 von der Confrérie Saint-Nicolas gestiftet.

Oben: Ein Weinberg bei Chablis.
An Nordhängen gelegen, sind diese Weinberge im
Frühjahr von Ende März bis Mitte Mai oft von
Frösten bedroht.
Darunter: Das Renaissanceschloss
von Ancy-le-Franc liegt in einem herrlichen Park,
in dem sich auch ein See mit einem Inselchen und
einem Pavillon darauf befindet.

Jean-Marie Gois (Bio-Cidre
und Apfelsaft)
Clos de Rochy, 89120 Dicy
Tel. 86/63 67 03

Märkte

Montag: Saint-Florentin, Sens
Dienstag: Auxerre, Villeneuve-
sur-Yonne
Mittwoch: Joigny
Freitag: Auxerre, Sens, Villeneuve-
sur-Yonne
Samstag: Auxerre, Joigny, Saint-
Florentin

Feste

31. Januar: Pferdemarkt in Saint-
Sauveur-en Puisaye
Januar, Februar: Weinfest Saint-
Vincent Tournante in Chablis
Letztes Wochende im Juni
oder erstes Wochenende im Juli:
Kirschenfest in Escolives-Sainte-
Camille
August: Erntefest in Etigny
Zweiter Samstag im September:
Melonen- und Zwiebelmarkt in
Joigny
Vierter Sonntag im November:
Weinfest in Chablis
6. Dezember: Foire aux Bovins
(Lebensmittelausstellung) in Saint-
Sauveur-en-Puisaye

Weingüter

Délégation Régionale Bureau
Interprofessionel des Vins
de Bourgogne (BIVB) (Chablis)
Le Petit Pontigny, 89800 Chablis
Tel. 86/42 42 22

Cave La Chablisienne (Chablis)
8 bd Pasteur, 89800 Chablis
Tel. 86/42 89 00

Bernard Legland
(Chablis premier cru)
Domaine des Marronniers
89800 Préhy
Tel. 86/41 42 70

Domaine Champeix-Fournillon
(Chablis)
Epineuil, 89360 Bernouil
Tel. 86/55 50 96

Anita und Jean-Pierre Colinot
(Bourgogne Irancy)
1 rue des Chariats, 89290 Irancy
Tel. 86/42 33 25

Domaine Sorin Defrance
(Sauvignon de Saint-Bris)
11 bis rue de Paris
98530 Saint-Bris-le-Vineux
Tel. 86/53 32 99

Roger Delaloge
(Bourgogne Irancy)
1 ruelle du Milieu, 89290 Irancy
Tel. 86/42 20 94

Sylvain Mosnier
(Chablis Vieilles Vignes)
Beines, 89800 Chablis
Tel. 86/42 43 96

Jean-Pierre Maltoff
(Coulanges-la-Vineuse)
20 rue d'Aguesseau
89580 Coulanges-la-Vineuse
Tel. 86/42 24 92

La Vézelienne
(Bourgogne Chardonnay)
route de Nanchèvre
89450 Saint-Père-sous-Vézelay
Tel. 86/33 29 62

Sica du Vignoble Auxerrois
(Crémant de Bourgogne)
Caves de Bailly, 89530 Bailly
Tel. 86/533400

René und Vincent Dauvissat
(Chablis)
8 rue Emile Zola, 89800 Chablis
Tel. 86/421158

Domaine Gounot (Petit Chablis)
Porte de Cravant
89800 Saint-Cyr-les-Colons
Tel. 86/414167

Jean-Claude Courtault (Chablis)
4 rue du Moulin, 89800 Maligny
Tel. 86/474476

Gérard Robin (Chablis)
3 rue Emile Zola, 89800 Chablis
Tel. 86/421819

Sylvain Mosnier (Chablis)
4 rue Derrière-les-Murs
89800 Beines
Tel. 86/421026

Morvan

Oben: Eine Strasse mit Kopfstein-pflaster in Avallon. Der Uhrenturm und das Haus rechts davon stammen aus der Mitte des 15. Jahrhundert. Links: Strassencafés in Autun.

Restaurants

L'Auberge de l'Atre ••
(siehe Seite 52–53)
Les Lavaults
89630 Quarré-les-Tombes
Tel. 86/322079

La Côte d'Or •••
(siehe Seite 50–51)
2 rue d'Argentine, 21210 Saulieu
Tel. 80/640766

Hôtel de la Poste
1 rue Grillot, 21210 Saulieu
Tel. 80/641082

Hotel des Ursulines ••
14 rue Rivault, 71400 Autun
Tel. 85/526800

Le Chalet Bleu •
3 rue Jeannin, 71400 Autun
Tel. 85/862730

Richard und Marie-Christine
Ortynski •
Ferme auberge «Les Chaumes
de Ligny»
58330 Saint-Benin-des-Bois
Tel. 86/582048

Bibbi Lee und Charlie Simonds •
Château de Lesvault, Onlay
58370 Villapourçon
Tel. 86/843291

Sehenswürdigkeiten

Moulin de Maupertuis (Öko-
Museum in einer alten Mühle)
58220 Donzy, Tel. 86/393946

Musée du Septennat
(Präsidentialmuseum)
6 rue du Château
58120 Château-Chinon
Tel. 86/578090

Maison du Parc Naturel Régional
du Morvan (Ausstellungen und
Informationen über das Naturschutzgebiet Morvan)
58230 Saint-Brisson
Tel. 86/787016

Spezialitäten der Region

Boulangerie Dechaume
44 rue du Marché, 21210 Saulieu
Tel. 80/641872

Pâtisserie Guillemand (Gougères)
11 rue du Marché, 21210 Saulieu
Tel. 80/641713

Pâtisserie La Fontaine
24 place de l'Eglise
89630 Quarré-les-Tombes
Tel. 86/322221

Oben: Die Landschaft bei Onlay. Wie fast überall im Morvan sind die Felder durch Wallhecken unterteilt. Darunter: In vielen Gegenden des Burgunds haben die Cafés auf dem Lande mehrere Funktionen: Dieses Café bei Liernais ist zugleich Restaurant, Bäckerei und Lebensmittelladen des Dorfes.

Dominique Lehujeur (Tauben)
Athée
58140 Saint-André-en-Morvan
Tel. 86/22 66 01

Pierre und Marie-Alice
Delomez Gie
Les Colombiers de Puisaye et
du Morvan (Tauben und Taubenterrinen)
58310 Bouhy
Tel. 86/26 44 15

Micheline Gaudry (Morvan-
Schinken, Andouilles, Würste)
25 place Saint-Romain
58120 Château-Chinon
Tel. 86/85 13 87

M. Marache (Forellen, Raucher-
fische)
La Serrée
58230 Alligny-en-Morvan
Tel. 86/76 15 79

Gérard Maternaud
(Obst, Gemüse, Pilze)
Les Guichards
89630 Quarré-les-Tombes
Tel. 86/32 20 94

Luc Digonnet, Fromagerie
de Siloé (Ziegenkäse)
Changy, Le Mousseau
58370 Villapourçon
Tel. 86/78 63 43

M. Guyonnet (Schafskäse)
Thard, 58370 Onlay
Tel. 86/84 24 57

Abbaye de la Pierre-qui-Vire
(Frischkäse)
89830 Saint-Léger-Vauban
Tel. 86/32 21 23

Albert Martin (Buchweizenmehl)
Moulin-de-la-Presle
58230 Planchez
Tel. 86/78 43 46

Jean-Jacques und Dominique
Coppin
Les Ruchers du Morvan (Honig,
Honiglebkuchen, Bienenwachs)
Port de l'Homme, Corancy
58120 Château-Chinon
Tel. 86/78 02 43

Bernard Berilley (Marmelade)
La Trinqlinette, Trinquelin
89630 Quarré-les-Tombes
Tel. 86/32 20 97

Jacques Sulem (Marmeladen,
Marmeladenherstellung)
Poiseux
58120 Saint-Léger-de-Fougeret
Tel. 86/85 10 44

M. Comeloup, Syndicat
des Producteurs de Marrons
de Morvan (Esskastanien)
71990 Saint-Léger-sous-Beuvray
Tel. 85/82 53 00

Märkte

Dienstag: Quarré-les-Tombes
Donnerstag: Avallon
Freitag: Autun
Samstag: Avallon, Saulieu

Feste

Mai: Journées Gourmandes
du Grand Morvan in Saulieu
August: Fête du Charolais
(Rinderzuchtschau) in Saulieu;
Heidelbeermarkt in Glux-en-
Glenne

Côte d'Or

Oktober: Kastanienmarkt in Saint-Léger-sous Beuvray

Restaurants

Jean-Paul Thibert ••
10 place Wilson, 21000 Dijon
Tel. 80/67 74 64

Jean-Pierre Billoux ••
14 place Darcy, 21000 Dijon
Tel. 80/30 11 00

Hostellerie Chapeau Rouge ••
5 rue Michelet, 21000 Dijon
Tel. 80/30 28 10

Bistro Le Dôme •
rue Quentin, 21000 Dijon
Tel. 80/30 58 92

Le Vieux Moulin ••
21420 Bouilland
Tel. 80/21 51 16

Chez Camille ••
1 place Edouard-Herriot
21230 Arnay-le-Duc
Tel. 80/90 01 38

La Ciboulette •
69 rue de Lorraine, 21200 Beaune
Tel. 80/24 70 72

L'Ecusson •
place Malmédy, 21200 Beaune
Tel. 80/24 03 82

Le Jardin des Ramparts ••
10 rue Hôtel-Dieu, 21200 Beaune
Tel. 80/24 79 41

Jean Crotet ••
route de Combertault
21200 Levernois
Tel. 80/24 73 58

La Bouzerotte •
21200 Bouze-le-Beaune
Tel. 80/26 01 37

Le Restaurant des Minimes •
39 rue de Vaux
23140 Sémur-en-Auxois
Tel. 80/97 26 86

L'Armançon ••
21320 Chailly-sur-Armançon
Tel. 85/33 33 99

Le Val de Mas •
21510 Beaunotte
Tel. 80/93 81 43

Sehenswürdigkeiten

Weinpressen der Herzöge von Burgund (die ältesten und grössten Weinpressen in Burgund)
21300 Chenove, Tel. 80/52 51 30

Maison Régionale des Arts de la Table (Geschichte des Essens und der Küchenutensilien)
Anciens Hospices Saint-Pierre
15 rue Saint-Jacques
21230 Arnay-le-Duc
Tel. 80/90 11 59

Musée du Vin de Bourgogne (Geschichte des Weins
rue d'Enfer, 21200 Beaune
Tel. 80/22 08 19

Maison des Confréries (Geschichte der Bruderschaften)
20 rue du Faubourg Madeleine
21200 Beaune
Tel. 80/24 05 05

Musée de la Vie Bourguignonne Perrin de Puycousin (Szenen aus Läden und Werkstätten des 19. Jahrhunderts)
17 rue Saint-Anne, 21000 Dijon
Tel. 80/30 65 91

Musée des Arts et des Traditions des Hautes-Côtes (Geschichte der Weinberge der Region)
21700 Reulle-Vergy
Tel. 80/61 12 54

Oben: Eine Löwenskulptur von Marlet bewacht eine Treppe, die zu den Wällen von Beaune führt. Links: Ein Obststand auf dem Markt von Dijon.

Maison du Seigle (Öko-Museum)
21430 Menessaire
Tel. 80/64 28 65

Amora Senf-Museum
21000 Dijon
Tel. 80/30 35 39
(telefonische Anmeldung
erforderlich)

Circuits Gourmands: Tagesausflüge
in die Hautes-Côtes, ins Auxois,
nach Mont-Saint-Jean, Salives und
ins Chatillonais einschliesslich
Mittagessen in einem typischen
Restaurant und Besichtigungen
von Bauernhöfen und Nahrungs-
mittelerzeugern werden arrangiert
vom Touristenbüro der Côte d'Or,
Hôtel du Département,
21000 Dijon, Tel. 80/63 66 00.

Spezialitäten der Region

Sylvain Mansuy (Schneckenzucht)
21380 Marsannay-le-Bois
Tel. 80/35 76 15 und 80/71 69 63

L'Escargot (Frische Schnecken)
14 rue Bannelier, 21000 Dijon
Tel. 80/30 22 15

Rémy Garrot (Pilze)
21540 Sombernon
Tel. 80/33 45 20

Edmond Fallot (Senf)
31 Faubourg Bretonnière
21200 Beaune
Tel. 80/22 10 02

Mme Sigoillot (Geflügel
aus Freilandhaltung, Rahm)
21510 Duesme, Arnay-le-Duc
Tel. 80/93 87 89

Chantal und Daniel Borgeot
(Jambon persillé, Schinken und
Würste)
21590 Santenay-les-Bains
Tel. 80/20 61 71

Patrick Gevrey (Charcutier)
11 rue Jean-Jacques-Rousseau
21000 Dijon
Tel. 80/07 39 38

Raymond Fiquet
(Kutteln und Blutwurst)
Halles Centrales, 21000 Dijon
Tel. 80/30 79 05

Hervé und Odile Pinczon du Sel
(Epoisses-Käse)
Ferme du Colombier, Sivry
21230 Arnay-le-Duc
Tel. 80/90 03 07

Fromagerie Porcheret (Käse)
18 rue Bannelier, 21000 Dijon
Tel. 80/30 21 05

Abbaye de Citeaux (Käse)
21700 Saint-Nicolas-les-Citeaux
Tel. 80/611153

Fromagerie Berthault (Käse)
place du Champs-de-Foire
21460 Epoisses
Tel. 80/96 44 44

Pâtisserie Gourmandine
18 rue Monge, 21200 Beaune
Tel. 80/22 24 03

Mulot et Petitjean (Honiglebkuchen)
16 rue de la Liberté, 21000 Dijon
Tel. 80/30 07 10

Gauthier (Erzeugnisse und Wein
aus der Region)
77 rue Jean-Jacques-Rousseau

21000 Dijon
Tel. 80/67 17 19

Gérard Guilleminot (Gemüse)
route de Varois
21490 Ruffey-les-Echirey
Tel. 80/36 07 43

Olivier (Liköre und Marmeladen)
Concoeur-et-Corboin
21700 Nuits-Saint-Georges
Tel. 80/610043

Gilles Joannet (Fruchtliköre
und -säfte)
rue Basse, Arcenant
21700 Nuits-Saint-Georges
Tel. 80/611223

Troubat (Anispastillen aus der
Abbaye de Flavigny)
Abbaye de Flavigny
21150 Flavigny-sur-Ozerain
Tel. 80/96 20 88

Märkte

Täglich: Dijon mit Marktständen
um die Markthallen
Donnerstag: Arnay-le-Duc
Freitag: Montbard
Samstag: Châtillon-sur-Seine,
Seurre, Saint-Jean-de-Losne

Feste

Ende Januar: Fest Saint-Vincent
Tournante (Patron der Winzer),
jedes Jahr an einem anderen Ort
März oder April: Weinauktionen in
den Hospices Nuits-Saint-Georges
Mai: Weinmesse in Rouvray
31. Mai: Fête de la Bague (traditionelles Pferderennen) in Sémur-
en-Auxois

August: Regionalausstellung in Beaune; Fête de la Vigne (Weinfest) in Dijon; Fête du Roi Chambertin (Weinfest) in Chambertin *Oktober/November:* Foire Internationale Gastronomique in Dijon *Drittes Wochenende im November:* Weinfest Les Trois Glorieuses (siehe Seite 65). Samstag abend: Treffen der Confrérie des Chevaliers du Tastevin in Clos de Vougeot; Sonntag: Weinauktion der Hospices de Beaune in Beaune; Montag: Paulée (Literarisches Mittagessen) in Meursault.

Weingüter

Marie-Andrée und Chantal Gerbet (Hautes-Côtes de Nuits, Vosne-Romanée)
21700 Vosne-Romanée
Tel. 80/61 07 85

Domaine Prieuré-Roch
(Vosne-Romanée)
21700 Nuits-Saint-Georges
Tel. 80/62 38 79

BIVB
12 boulevard de la Bretonnière
21204 Beaune
Tel. 80/24 70 20

Domaine Guy Roulot (Meursault)
1 rue Charles Giraud
21190 Meursault
Tel. 80/21 21 65

Domaine Marc Morey et Fils
(Chassagne-Montrachet)
3 rue Charles Paquelin
21190 Chassagne-Montrachet
Tel. 80/21 30 11

Lucien Muzard (Santenay)
rue de la cour Verreuil
21590 Santenay
Tel. 80/20 61 85

Domaine Rateau (Beaune)
chemin des Mariages
21200 Beaune
Tel. 80/22 52 54

Ghislaine Barthod (Chambolle-Musigny)
rue du Lavoir
21220 Chambolle-Musigny
Tel. 80/62 80 16

Domaine de Courcel (Pommard)
place de l'Eglise, 21630 Pommard
Tel. 80/22 10 64

Domaine Pierre Gelin (Fixin)
2 rue du Chapitre, 21220 Fixin
Tel. 80/52 45 24

Alain Montchovet
(Bourgogne Aligoté)
rue Rocault, 21190 Nantoux
Tel. 80/26 03 13

Christine und Jean-Marc Durand
(Bourgogne Hautes-Côtes
de Beaune)
1 rue des Vignes, 21200 Beaune
Tel. 80/22 75 31

Maison Joseph Drouhin
7 rue d'Enfer, 21200 Beaune
Tel. 80/24 68 88

Domaine Philippe Charlopin-Parizot (Gevrey-Chambertin Vieilles Vignes)
18 route de Dijon
21220 Gevrey-Chambertin
Tel. 80/51 81 27

Domaine Henri Perrot-Minot
(Morey-Saint-Denis)
54 route des Grand-Crus
21220 Morey-Saint-Denis
Tel. 80/34 32 51

L'Héritier-Guyot (Vougeot)
rue du Champ-aux-Prêtres
21100 Dijon
Tel. 80/72 16 14

Domaine du Château de Premeaux
(Nuits-Saint-Georges)
21700 Premaux-Prissey
Tel. 80/62 30 64

Domaine Maillard Père
et Fils (Aloxe-Corton, Chorey-les-Beaune)
2 rue Joseph-Bard
21200 Chorey-les-Beaune
Tel. 80/22 10 67

Domaine Robert et Raymond Jacob (Ladoix, Corton, Hautes-Côtes de Beaune)
Buisson, 21550 Ladoix-Serrigny
Tel. 80/26 40 42

Roger Jaffelin et Fils
(Pernand-Vergelesses)
21420 Pernand-Vergelesses
Tel. 80/21 52 43

Domaine Pierre Guillemot
(Savigny-les-Beaune)
1 rue Boulanger-et-Vallée
21420 Savigny-les-Beaune
Tel. 80/21 50 40

Domaine Louis Violland (Beaune)
13 rue de l'Ancienne Poste
21200 Beaune
Tel. 80/22 24 86

Oben: Kellergewölbe der Weinhandlung Drouhin aus dem 13. Jahrhundert. Gegenüber: Weinlese bei Gevrey-Chambertin. Unten: Ein Wandbild mit den Namen der Grand-Cru-Weine von Gevrey, die zu den berühmtesten Weinen Burgunds gehören.

Paul Garaudet (Meursault, Monthélie)
imp. de l'Eglise, 21190 Monthélie
Tel. 80/212878

Domaine Pascal Prunier
(Saint-Romain)
rue Traversière
21190 Auxey-Duresses
Tel. 80/216733

Domaine Vincent Girardin
(Santenay, Maranges)
route de Chassagne-Montrachet
21590 Santenay
Tel. 80/206429

Tonnellerie Damy
21 rue des Forges
21190 Meursault
Tel. 80/212341

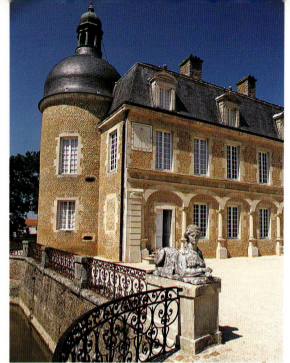

Saône-et-Loire

Restaurants

Greuze •••
1 rue Thibaudet, 71700 Tournus
Tel. 85/511352

Lameloise •••
36 place d'Armes, 71150 Chagny
Tel. 85/870885

Hôtellerie du Val d'Or ••
Grande-rue, 71640 Mercurey
Tel. 85/451370

Auberge du Cep ••
place de l'Eglise, 69820 Fleurie
Tel. 74/041077

Maritonnes ••
71570 Romanèche-Thorins
Tel. 85/355170

Chapon Fin et Restaurant
Paul Blanc ••
01140 Thoissey
Tel. 74/040474

Le Raisin ••
01190 Pont-de-Vaux
Tel. 85/303097

Léa ••
01340 Montrevel-en-Bresse
Tel. 74/308084

Denise et Jean–Noël Dauvergne •
Restaurant de la Poste
71600 Poisson
Tel. 85/811072

Ferme Auberge de Lavaux •
Paul Gelin
Chatenay, 71800 La Clayette
Tel. 85/280848

La Fontaine ••
(siehe Seite 112–113)
71740 Châteauneuf
Tel. 85/262687

Bourgogne ••
place de l'Abbaye, 71250 Cluny
Tel. 85/590058

La Gare •
avenue de la Gare
71800 La Clayette
Tel. 85/280165

Le Bistrot •
31 rue de Strasbourg
71100 Chalon-sur-Saône
Tel. 85/932201

Ripert •
31 rue Saint-Georges
71100 Chalon-sur-Saône
Tel. 85/488920

Le Saint-Georges •
32 av. Jean-Jaurès
71100 Chalon-sur-Saône
Tel. 85/482705

Le Moulin de Bourgchâteau •
Chemin du Bourgchâteau
71500 Louhans
Tel. 85/753712

Aux Terrasses •
18 avenue du 23 Janvier
71700 Tournus
Tel. 85/51 01 74

Ferme Auberge Les Plattières •
71470 Sainte-Croix-en-Bresse
Tel. 85/74 80 70

Georges Blanc •••
01540 Vonnas
Tel. 74/50 00 10

Le Charolais •
33 bis route Moulins
58300 Decize
Tel. 86/25 22 27

Le Manoir de Sornat ••
route de Moulins
71140 Bourbon-Lancy
Tel. 85/89 17 39

Les Vignerons ••
69840 Emeringes
Tel. 74/04 45 72

Edmond Ravidati •
Ferme Auberge de Groboz
01350 Villemotier
Tel. 74/30 17 79

Sehenswürdigkeiten

Eco-Musée de la Bresse Bourguig-
nonne (Museum der bäuerlichen
Traditionen)
Château Saint-Père
71270 Pierre-de-Bresse
Tel. 85/76 27 16

Maison du Blé et du Pain
(Weizen- und Brotmuseum)
71350 Verdun-sur-le-Doubs
Tel. 85/76 27 15

La Ferme de Sougey
(typischer Bressaner Bauernhof)
01340 Montrevel-en-Bresse
Tel. 74/25 47 12

La Ferme de la Forêt
(Bressaner Bauernhaus aus dem
17. Jahrhundert)
01560 Saint-Trivier-des-Courtes
Tel. 74/30 71 89

Musée du Terroir
(Geflügel-Museum)
71470 Romenay
Tel. 85/40 30 90

Spezialitäten der Region

Jeannine und Guy Putigny
(Gemüse und Obst)
120 rue Grandmort
71380 Epervans
Tel. 85/96 02 99

M. Gaudry (Charolaisrindfleisch)
71800 Saint-Christophe-en-
Brionnais
Tel. 85/25 83 21

Philippe und Henri Velut
(Charolaisrinder)
71800 Saint-Christophe-en-
Brionnais
Tel. 85/25 82 16

Thierry und Claire Jalley
(Bressehühner)
71330 Sens-sur-Seille
Tel. 85/74 46 23

S.A. Mouton Charolais
(Charolaisschafe)
36 rue Général Leclerc
71120 Charolles
Tel. 85/24 00 18

Bernard Jacques (Flusskrebse
und Süsswasserfische)
71350 Verjux
Tel. 85/91 64 46

Paul Buisson (Süsswasserfische)
71260 Montbelay
Tel. 85/40 51 91

Gilbert Morestin
(Froschschenkel, Süsswasserfische)
71270 La Chapelle-Saint-Sauveur
Tel. 85/36 75 08

Moulin de Chaussin, Michel Taron
(Gaudes, Maismehl)
39120 Chaussin
Tel. 84/81 81 06

Jean Leblanc et Fils (Ölmühle)
71340 Iguerand
Tel. 85/84 07 83

Christian Donet (Ziegenkäse)
71640 Saint-Denis-de-Vaux
Tel. 85/44 44 91

Larue (Ziegenkäse)
Grandvaux, 71120 Palinges
Tel. 85/24 03 72

Pascale Cottin und
Jean-Luc Pertile (Ziegenkäse)
Domaine de L'Argolay
71800 Saint-Germain-en-
Brionnais
Tel. 85/70 64 97

Vinauger Ducharne
(Fruchtsirupe, -liköre)
Impasse Marmet
71800 La Clayette
Tel. 85/28 01 41

Gerberon (Gebäck)
14 rue des Deux Ponts

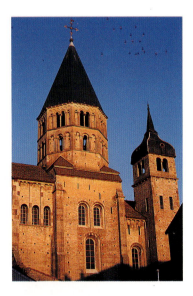

*Gegenüber links: Das Eco-Musée
de la Bresse Bourguignonne befindet
sich in einem Schloss aus dem 17. Jahr-
hundert in Pierre-de-Bresse.
Rechts daneben: Die Basilika Sacré-
Cœur in Paray-le-Monial.
Oben: Zwei der noch bestehenden
Türme der Kirche von Cluny.
Darunter: Wirtshausschild in Cluny.*

Oben: Christian Donet mit einer seiner Ziegen. Rechts: Bressehühner auf dem Bauernhof der Familie Jalley in Sens-sur-Seille.
Unten: Im vergangenen Jahrhundert stand ein Krug mit Crème de Cassis auf jedem Wirtshaustisch. Die Gäste gossen den Likör in ihr Glas Weisswein und erhielten so einen köstlichen Aperitif.

Gegenüberliegende Seite oben: An solchen Orten hat man die Gelegenheit, Weine der Region zu verkosten. Darunter: Das Haus eines Winzers inmitten der Reben des Mâconnais.

71600 Paray-le-Monial
Tel. 85/81 45 89

Bouvier
(Gebäck: Cion, Corniottes)
Aux Fiançailles
71500 Louhans
Tel. 85/75 12 24

Bernard Dufoux (Pralinen, Pralinenherstellung)
32 rue Centrale
71800 La Clayette
Tel. 85/28 08 10

Château de L'Aubespin
(traditionelle Konfitüre, Essig-früchte, Aromaessig)
71220 Saint-André-le-Désert
Tel. 85/59 49 48

Bertrand Perraudin
(Spezialitätenbäckerei)
La Bruyère
71320 Charbonnat-sur-Arroux
Tel. 85/54 28 24

Monterrat, Pâtisserie de la Barre
(Kuchen, Pralinen)
39 rue de la Barre
71000 Mâcon
Tel. 85/38 31 11

A. Theuret, Le Cygne de Montjeu
(Konditorei)
12 rue Saint-Saulge
71400 Autun
Tel. 85/52 29 61

Märkte

Montag: Louhans
Donnerstag: Saint-Christophe-en-Brionnais
Freitag: Chalon-sur-Saône

Samstag: Bourbon-Lancy, Mâcon
Sonntag: Chagny

Feste

Faschingswoche (Mardi Gras): Karneval in Chalon-sur-Saône
Mai: Foire des Vins de France (Weinmesse) in Mâcon
Mitte Juni bis Mitte Juli: Festival du Beaujolais in Villefranche-sur-Saône
Ende Juli: Pferderennen in La Clayette
August: Weinmesse in Chagny
Letztes Wochende im August: Foire de la Balme (Rindermarkt und Ausstellung) in Louhans, Saint-Germain-des-Bois
November: Fernand-Point-Ausstellung (Wettbewerb der Lehr-köche) in Louhans
Dezember: Puten- und Gänsemarkt in Marcigny; Bressehühner-Markt in Louhans

Weingüter

Délégation Régionale Mâcon du BIVB
389 av. Mal-de-Lattre-de-Tassigny
71000 Mâcon
Tel. 85/38 20 15

La Maison des Vins de la Côte Chalonnaise
promenade Sainte-Marie
71100 Chalon-sur-Saône
Tel. 85/41 64 00

La Maison Mâconnaise des Vins
av. Mal-de-Lattre-de-Tassigny
71000 Mâcon
Tel. 85/38 62 51

René Bourgeon (Givry)
Jambles, 71640 Givry
Tel. 85/44 35 85

Domaine Joblot (Givry)
4 rue Pasteur, 71640 Givry
Tel. 85/44 30 77

Marcel Lapierre (Morgon)
69910 Villié-Morgon
Tel. 74/04 23 89

Alain Germain (Chardonnay)
Domaine du Moulin Blanc
Crière, 69380 Charnay
Tel. 78/43 98 60

J. J. Vincent (Pouilly-Fuissé)
Château de Fuissé, 71960 Fuissé
Tel. 85/35 61 44

Georges Duboeuf
La Gare
71570 Romanèche-Thorins
Tel. 85/35 51 13

Château de Chénas (Chénas)
69840 Chénas
Tel. 74/04 48 19

C. Collovray et J. L. Terrier
(Saint-Véran)
Domaine des Deux-Roches,
71960 Davayé
Tel. 85/35 86 51

Cave de Chaintré
(Beaujolais supérieur)
71570 Chaintré
Tel. 85/35 61 61

J. M. Truchot (Beaujolais)
GFA du Grand Talancé
69640 Denicé
Tel. 74/67 55 04

Raymond Mathelin et Fils
(Chiroubles, Dom Melinand)
Domaine de Sandar
69380 Chatillon d'Azergues
Tel. 78/43 92 41

Domaine Jean Maréchal
(Mercurey)
Grande Rue, 71640 Mercurey
Tel. 85/45 11 29

Domaine Jean-Claude Brelière
(Rully)
place de l'Eglise, 71150 Rully
Tel. 85/91 22 01

Cave de Lugny
rue des Charmes, 71260 Lugny
Tel. 85/33 22 85

Mommessin (Fleurie)
La Grange Saint-Pierre
71850 Charnay-les-Mâcon
Tel. 85/32 81 00

Jean Buiron (Juliénas, Le Chapon)
69840 Juliénas
Tel. 74/04 40 39

Maurice und Catherine Gay
(Moulin à Vent)
Les Vérillats, 69840 Chénas
Tel. 74/04 48 86

Cave des Vignerons de Bel-Air
(Régnié)
69220 Saint-Jean-d'Ardières
Tel. 74/66 35 91

Lornon et Fils
(Brouilly, Pontanevaux)
71570 La Chapelle-de-Guinchay
Tel. 85/36 70 52

A. und P. de Villaine (Bourgogne
Côte Chalonnaise)

Au Bourg, 71150 Bouzeron
Tel. 85/91 20 50

Glossar

Bardieren

Das Bardieren dient dazu, Geflügel, Wild und anderes mageres Fleisch während des Bratens vor dem Austrocknen zu schützen. Dazu belegt man das Fleisch mit grossen, dünnen Scheiben fetten Specks (grüner Speck) und bindet diese mit Küchengarn fest. Kurz vor Ende des Garvorgangs wird die Speckhülle entfernt, damit das Fleisch bräunen kann.

Binden

Auch Bridieren genannt. Fleisch, Geflügel oder Fisch mit Küchengarn in die gewünschte Form binden.

Bei Geflügel legt man das Küchengarn um den Bürzel und die beiden Keulenenden und bindet diese zusammen, dann führt man das Garn zwischen Keulen und Brust straff nach vorne, legt es um die Flügel und bindet diese fest zusammen. Dadurch wölbt sich die Brust vor und kann gut bräunen, der Fleischsaft tritt nicht aus, und der Vogel behält die Form und kann anschliessend gut tranchiert werden.

Bouquet garni

Ein Strauss von Würzkräutern, meist Petersilie, Thymian und Lorbeerblatt, je nach gewünschter Geschmacksnote auch Rosmarin, Majoran, Estragon, Bohnenkraut, Salbei oder Dill, oft ergänzt durch Karotte, Sellerie und Lauch, wobei die Kräuter in ein Stück Lauch gewickelt und mit Küchengarn zusammengebunden werden. Die Würzzutaten können auch zusammen mit Pfefferkörnern und Gewürznelken, manchmal zusätzlich mit 1 bis 2 Knoblauchzehen, in ein Mullsäckchen gegeben werden. Das Bouquet garni wird in Brühen, Suppen oder Saucen mitgekocht und vor dem Anrichten entfernt.

Charlotte

Gestürzte Süssspeise, für die eine glattwandige, hohe zylindrische Form (Charlottenform) mit Löffelbiskuits o. ä. ausgelegt und mit Creme, Obstpüree oder Eis gefüllt, dann je nach Füllung gebacken und nach dem Erkalten gestürzt wird.

Coulis

Konzentrierter Saft oder flüssiges Püree, meist aus Früchten, als Begleitung von Dessertspeisen verwendet.

Geflügel in Portionsstücke zerlegen

Je nach Grösse und Art kann Geflügel in 6 bis 8 etwa gleich grosse Portionsstücke zerlegt werden. Dazu jeweils zwischen Brust und Keule die Haut einschneiden und die Keulen aus dem Gelenk drehen. Dann mit einer Geflügelschere von unten nach oben dem Brustbein entlang schneiden, das Gabelbein durchtrennen. Den Vogel auseinanderklappen und das Rückgrat herausschneiden. Die Brüste halbieren, so dass an einer Hälfte noch jeweils der Flügel hängt. Nach Belieben nun noch die Keulen im Gelenk halbieren.

Krokant

Karamelisierte gehackte Nüsse oder Mandeln.

Um Krokant selbst herzustellen, schmilzt man Zucker zu einem hellbraunen Karamel, gibt grob gehackte, geröstete Mandeln in gleicher Menge wie der Zucker zu, verrührt sie schnell mit dem Karamel und gibt dann die heisse Krokantmasse auf ein eingeöltes Blech und rollt sie mit einem ebenfalls eingeölten Teigroller etwa 1 cm dick aus. Erkalten und fest werden lassen. Anschliessend mit einem Küchenhammer oder im Elektrohacker zerkleinern.

Marc de Bourgogne

Aus den nach dem Keltern anfallenden Pressrückständen, dem Trester, hergestellter Branntwein. Die destillierte Flüssigkeit wird zehn bis zwölf Jahre in neuen Eichenfässern gelagert. Um der *Appellation réglementée* zu entsprechen, muss der Marc einen Alkoholgehalt von mindestens vierzig und nicht mehr als einundsiebzig Prozent besitzen. Marc kann in den Rezepten durch Cognac ersetzt werden.

Sorbet

Am einfachsten und perfektesten lässt sich Sorbet in der Eismaschine oder Sorbetiere zubereiten. Je nach Gerät und gewünschter Festigkeit des Sorbets dauert dies 5 bis 20 Minuten.

Für ein von Hand gerührtes Sorbet füllt man die Masse in eine möglichst weite Schüssel und lässt sie etwa 30 Minuten (für ein gröberes Sorbet 1 bis 1½ Stunden) gefrieren. Dann herausnehmen und mit dem Handrührgerät kräftig durchrühren, damit sich keine grossen Eiskristalle bilden. Weitere 2 Stunden gefrieren lassen, dabei alle 30 Minuten kräftig durchrühren.

Spicken

Das Spicken dient dazu, mageres Fleisch während des Garvorgangs saftig zu erhalten. Dazu schneidet man fetten Speck (grüner Speck) in streichholzlange Streifen und zieht diese mit Hilfe einer Spicknadel durch das Fleisch; die Enden lässt man etwas herausschauen.

Spicken, Zwiebel

Eine geschälte ganze oder halbe Zwiebel wird je nach gewünschter Geschmacksintensität mit einem oder mehr Lorbeerblättern belegt und diese mit Nelken festgesteckt. Die gespickte Zwiebel wird mit Schmorbraten u. ä. mitgeschmort und anschliessend entfernt.

Rezeptverzeichnis

Augen- und Gaumenschmaus mit Kochbüchern aus dem AT Verlag

Anne Willan
Château Cuisine
Traditionelle Rezepte
aus französischen Schlössern
224 Seiten, 388 Farbbilder

Die Krönung der französischen Regionalküche in über hundert Rezepten aus alter französischer Familientradition – von herzhaften, einfachen Regionalspezialitäten bis zu erlesenen, wahrhaft aristokratischen Kreationen. Begleitet werden sie von stimmungsvollen Einblicken in die Geschichte und das Leben auf einigen der schönsten Schlösser Frankreichs.

Gaston Lenôtre
Desserts de France
Traditionelle Rezepte aus Frankreichs Regionen
256 Seiten, 85 Farbbilder

Der berühmte Pariser Koch und Pâtissier präsentiert die besten traditionellen Back- und Dessertrezepte aus den verschiedenen Regionen Frankreichs – von der eleganten Pariser Saint-Honoré-Torte bis zu den berühmten Madeleines, von einfachen, ländlichen Brioches und Aufläufen bis zu ofengebackenen Äpfeln.

Ralf Kabelitz
Cuisine du Jardin
Die Poesie der vegetarischen Küche
144 Seiten, 45 Farbbilder

Eine vegetarische Jahreszeitenküche in höchster Vollendung – jedes Gericht ein kleines Gesamtkunstwerk für Auge, Nase, Gaumen und Herz. Aus den Gaben der Natur zaubert Ralf Kabelitz in über 80 Rezepten Feinschmeckergenüsse auf den Tisch, festgehalten in meisterhaften Rezept- und Stimmungsfotos.

Le Cordon Bleu (Hg.)
Klassische französische Küche
160 Seiten, durchgehend farbig illustriert

150 Klassiker der französischen Kochkunst, von delikaten Vorspeisen über die besten Fleisch-, Fisch- und Wildgerichte bis zu verführerischen Desserts. Dazu alle wichtigen Grundrezepte sowie Vorbereitungs- und Zubereitungstechniken in bebilderten Schritt-für-Schritt-Anleitungen.

AT Verlag